CAMINHOS DE UM DOUTORADO
RELATOS DE UMA EXPERIÊNCIA VIVIDA

Editora Appris Ltda.
1.ª Edição - Copyright© 2021 do autor
Direitos de Edição Reservados à Editora Appris Ltda.

Nenhuma parte desta obra poderá ser utilizada indevidamente, sem estar de acordo com a Lei nº 9.610/98. Se incorreções forem encontradas, serão de exclusiva responsabilidade de seus organizadores. Foi realizado o Depósito Legal na Fundação Biblioteca Nacional, de acordo com as Leis nos 10.994, de 14/12/2004, e 12.192, de 14/01/2010.

Catalogação na Fonte
Elaborado por: Josefina A. S. Guedes
Bibliotecária CRB 9/870

A599c
2021
	Anjos, Antonio Jorge Sena dos
	    Caminhos de um doutorado : relatos de uma experiência vivida / Antonio Jorge Sena dos Anjos. - 1. ed. - Curitiba : Appris, 2021.
	    151 p. ; 23 cm.
	
	    Inclui bibliografia.
	    ISBN 978-65-250-0257-6
	
	    1. Pós-graduação. 2. Pesquisa. 3. Aprendizagem. 4. Memória autobiográfica. I. Título. II. Série.
	
	    CDD – 378

Livro de acordo com a normalização técnica da ABNT

Appris editora

Editora e Livraria Appris Ltda.
Av. Manoel Ribas, 2265 – Mercês
Curitiba/PR – CEP: 80810-002
Tel. (41) 3156 - 4731
www.editoraappris.com.br

Printed in Brazil
Impresso no Brasil

Antonio Jorge Sena dos Anjos

CAMINHOS DE UM DOUTORADO
RELATOS DE UMA EXPERIÊNCIA VIVIDA

FICHA TÉCNICA

EDITORIAL	Augusto V. de A. Coelho
	Marli Caetano
	Sara C. de Andrade Coelho
COMITÊ EDITORIAL	Andréa Barbosa Gouveia (UFPR)
	Jacques de Lima Ferreira (UP)
	Marilda Aparecida Behrens (PUCPR)
	Ana El Achkar (UNIVERSO/RJ)
	Conrado Moreira Mendes (PUC-MG)
	Eliete Correia dos Santos (UEPB)
	Fabiano Santos (UERJ/IESP)
	Francinete Fernandes de Sousa (UEPB)
	Francisco Carlos Duarte (PUCPR)
	Francisco de Assis (Fiam-Faam, SP, Brasil)
	Juliana Reichert Assunção Tonelli (UEL)
	Maria Aparecida Barbosa (USP)
	Maria Helena Zamora (PUC-Rio)
	Maria Margarida de Andrade (Umack)
	Roque Ismael da Costa Güllich (UFFS)
	Toni Reis (UFPR)
	Valdomiro de Oliveira (UFPR)
	Valério Brusamolin (IFPR)
ASSESSORIA EDITORIAL	Evelin Kolb
REVISÃO	José Bernardo dos Santos Jr.
PRODUÇÃO EDITORIAL	Lucielli Trevizan
DIAGRAMAÇÃO	Andrezza Libel
CAPA	Sheila Alves
FOTO DA CAPA	Antonio Jorge Sena dos Anjos
COMUNICAÇÃO	Carlos Eduardo Pereira
	Débora Nazário
	Karla Pipolo Olegário
LIVRARIAS E EVENTOS	Estevão Misael
GERÊNCIA DE FINANÇAS	Selma Maria Fernandes do Valle
COORDENADORA COMERCIAL	Silvana Vicente

Indiscutivelmente, dedico esta obra à toda minha família, pelo incondicional apoio e incentivo, particularmente à minha esposa, Kenya, e aos meus filhos, Weber e Jamyle, que sempre acreditaram que um sonho sonhado não se realiza só.

AGRADECIMENTOS

À minha família, pelo incentivo e incondicional apoio.

Aos meus amigos e orientadores de estudos, Concesa Caballero e Marco Antonio Moreira, por suas precisas e competentes intervenções, sempre recheadas de encorajamento e incentivo ao longo dessa caminhada.

Ao amigo e professor Daniel Pinto, pelas palavras de incentivo e encorajamento para publicação deste texto.

À amiga de todas as horas, professora Ana Rita Neves. Sua incontestável atenção, disponibilidade de escuta e palavras sensatas me fizeram entender a importância desta obra para mim e para tantos quantos leiam.

Ninguém caminha sem aprender a caminhar, sem aprender a fazer o caminho caminhando, refazendo e retocando o sonho pelo qual se pôs a caminhar.

(Paulo Freire)

APRESENTAÇÃO

Neste livro, trato de contar um pouco das experiências por mim vivenciadas no período em que me dediquei a fazer um programa de doutorado em uma universidade espanhola. Andanças, caminhos, caminhadas, obstáculos e momentos inesquecíveis, por vezes até inexplicáveis, marcaram a minha trajetória enquanto cidadão do mundo e estudante do Programa de Doutorado em Ensino de Ciências da Universidade de Burgos, na cidade de mesmo nome da região de Castilla e León, na Espanha.

Falar sobre esse período em minha vida é lembrar de momentos, coisas, fatos, e refletir sobre as marcas que se eternizaram no tempo e o quanto esse percurso contribuiu para o meu crescimento pessoal, profissional e intelectual.

O sentido da família em nossas vidas, a importância e a necessidade de ampliarmos o nosso espectro de conhecimentos, a construção de novas amizades e a valorização das já existentes, o exercício da resiliência, a fé e a certeza da existência de um Deus de proteção e amor são elementos que ressalto nesta obra e que essa longa caminhada me proporcionou experienciar e me tornar um ser mais humano.

Objetivo, portanto, com estes escritos relatar um pouco da minha trajetória nesse Programa, sem, entretanto, deter-me em questões acadêmicas, como também falar dos caminhos percorridos pelo velho mundo, ao mesmo tempo que busco refletir e avaliar as contribuições advindas dos estudos realizados, das oportunidades surgidas, das relações estabelecidas, das trocas ocorridas, das competências e habilidades adquiridas e das implicações e impactos, diretos e indiretos, na minha formação de ser humano e cidadão.

Boa leitura! Boas reflexões!

PREFÁCIO

Pensei que seria fácil escrever o prefácio deste livro. Imaginei que falar daquilo que vivemos direta e indiretamente, por meio de emoções contraditórias, alegrias e tristezas, seria algo que sairia naturalmente. Puro engano! Percebi que as lembranças são muitas, mas acabam não fluindo como deveriam fluir. Por que será?

A relação entre nós, Jorge e eu, estabelece-se por meio de uma cumplicidade recheada de muito amor e alegria em fazer o outro feliz. E foi mediante essa premissa que, durante quase oito anos, vivi momentos de solidão, buscas, saudades, aceitação, incertezas, alegrias e, também, muitas conquistas.

Este livro revela em relatos, para mim, deliciosamente emocionantes, caminhos e atalhos percorridos por Jorge durante o seu doutorado na Espanha. E por que não dizer?! Caminhos e atalhos por mim também percorridos. Afinal, temos uma cumplicidade tamanha que, por vezes, surpreende até a nós mesmos. O livro fala, claramente, da importância da família, das amizades e da necessidade de ter Fé em um ser superior, para ajudar a superar e aguentar todas as dificuldades existentes em qualquer percurso. Nesse, particularmente.

Acredito que a leitura deste livro pode ajudar muitos acadêmicos que decidem pela sua progressão na carreira e que, em muitos momentos de estudos, possam vir a desanimar ou, até mesmo, pensar em desistir. Além disso, é uma leitura leve e... prazerosa. Prazerosa especialmente porque, de alguma forma, leva-nos a pensar e admirar traços das facetas humanas. Pensar, admirar, maravilhar-se com as possibilidades que o ser humano tem de construir seus caminhos, percorrendo atalhos, vencendo desafios, superando desencantos, acreditando no porvir. E, assim, encontrando-se, (re)conhecendo-se, crescendo como ser humano.

Meu marido fez isso.

Prof.ª Kenya Costa Pinto dos Anjos
(Esposa de Antonio Jorge)
Diretora Pedagógica do Colégio Gênesis
Professora Aposentada da UEFS

SUMÁRIO

INTRODUÇÃO 19

CAMINHO I
O COMEÇO DE TUDO 21
   O PRIMEIRO EMBARQUE 23
   CARTA AOS MEUS FAMILIARES (escrita em 05 de janeiro de 2006) 24
   A CHEGADA EM BURGOS 26
   O DIA SEGUINTE 28
   A CIDADE DE BURGOS 29
   A UNIVERSIDADE DE BURGOS 33
   O PROGRAMA INTERNACIONAL DE DOUTORADO EM ENSINO DE CIÊNCIAS (PIDEC) 35

CAMINHO II
OS SEMESTRES LETIVOS DO CURSO 37
   O PRIMEIRO SEMESTRE DE AULAS 37
   O SEGUNDO SEMESTRE DE AULAS 38

CAMINHO III
APRENDIZAGEM SIGNIFICATIVA: UM NORTE... UMA REFERÊNCIA 43
   DAVID PAUL AUSUBEL (1918 - 2008): O AUTOR DA TEORIA DA APRENDIZAGEM SIGNIFICATIVA (TAS) 44
   MARCO ANTONIO MOREIRA: ENTUSIASTA DIVULGADOR DA TAS 44
   UM POUCO DA TAS 45

CAMINHO IV
O INÍCIO DOS TRABALHOS DE PESQUISA 49

CAMINHO V
A FASE EXPLORATÓRIA DA PESQUISA 53
   MAIS UMA CARTA À FAMÍLIA 53
   A TEMÁTICA DE INVESTIGAÇÃO 54

CAMINHO VI
O PROJETO DE TESE..59

CAMINHO VII
A PESQUISA DE CAMPO 65
   O PROJETO DE TESE E O INÍCIO DOS TRABALHOS DE CAMPO 65
   A PESQUISA DE CAMPO: ENCONTROS E DESENCONTROS 68
   O ENCERRAMENTO DAS ATIVIDADES DE CAMPO.............................73
   O MAIS DIFÍCIL DE TODOS OS ANOS: DECEPÇÕES, DECISÕES, ANGÚSTIA . 77
   A RETOMADA: UMA BUSCA, UMA TENTATIVA... UM MARCO................82

CAMINHO VIII
RUMO À DEFESA DE TESE..85

CAMINHO IX
A DEFESA DE TESE...89

CAMINHO X
O PÓS-DEFESA..97
   FELICITAÇÕES E COMEMORAÇÕES...97
   LA FIESTA DE LA UNIVERSIDAD 101
   O RECONHECIMENTO DO TÍTULO NO BRASIL.............................108

CAMINHO XI
UMA CAMINHADA DE ESPERANÇA, FÉ E CONFIANÇA...............111
   EU SOU DE LÁ..114

ATALHOS..117
   ATALHO 1: A SEMANA DE PESQUISA DO PIDEC 118
   ATALHO 2: OS ENCONTROS NACIONAL E INTERNACIONAL DE APRENDIZAGEM SIGNIFICATIVA 123
   ATALHO 3: O ENCONTRO NACIONAL DE EDUCAÇÃO EM CIÊNCIAS EM PORTUGAL (ENEC) 125
   ATALHO 4: O ENCONTRO IBERO-AMERICANO SOBRE INVESTIGAÇÃO EM ENSINO DE CIÊNCIAS (EIBIEC)..126
   ATALHO 5: OS NACIONAIS DE ENSINO DE FÍSICA: O SNEF E O EPEF 127
   ATALHO 6: UM POUCO DE TURISMO: VIAGENS E PASSEIOS PELO TERRITÓRIO IBÉRICO 129

FÁTIMA E BARCELONA: UM BELO PASSEIO EM FAMÍLIA POR TERRAS IBÉRICAS..130
RÍAS BAJAS: UMA EXCURSÃO "SOLO" PELA REGIÃO COSTEIRA DA GALÍCIA...135
ATALHO 7: PROFESSORES, COLEGAS, AMIZADES 137

UM REGISTRO ESPECIAL
A FAMÍLIA 143

À GUISA DE CONCLUSÃO 145

POSFÁCIO..147

REFERÊNCIAS 149

INTRODUÇÃO

Escrever este texto significou, para mim, fazer um prazeroso exercício de memória sobre a minha passagem pelo *Programa de Doctorado en Enseñanza de las Ciencias (Pidec) – Universidad de Burgos, Burgos, España*. Nesse sentido, veio a necessidade de revisitar o passado e perceber os reflexos desse programa na minha trajetória de vida e de eterno aprendiz. Foi também oportunidade de reconstruir, a partir das concepções de hoje, as experiências de ontem e poder projetá-las para o futuro. Portanto, na condição de ex-aluno desse Programa, objetivo com estes escritos relatar um pouco da minha trajetória acadêmica no Programa, como também contar um pouco das minhas andanças e caminhos percorridos pelo velho mundo, ao tempo em que busco refletir e avaliar a contribuição dessas investidas decorrentes dos estudos realizados, das relações estabelecidas, das trocas ocorridas, das competências e habilidades adquiridas e dos seus impactos na minha formação pessoal, profissional e intelectual.

Dez anos após ter concluído o mestrado em Educação pela Universidade Federal da Bahia (UFBA), na condição de professor do Departamento de Física da Universidade Estadual de Feira de Santana (Uefs) e de formador de futuros licenciados em Física, senti a necessidade de aperfeiçoar os meus estudos e, consequentemente, a minha formação profissional com vistas a contribuir mais e melhor para com a formação dos licenciandos em Física. Buscando, então, atender a essas necessidades formativas, dispus-me a procurar um programa de doutorado que atendesse às minhas aspirações dentro de condições plausíveis e exequíveis às minhas exigências profissionais, intelectuais e de cidadão comum.

Sendo assim, comecei a procurar por um programa de doutorado que me completasse e comtemplasse aos meus anseios. De início, optei por aguardar a chegada do doutorado (havia apenas o mestrado) no Programa de Pós-graduação em Ensino, História e Filosofia da Ciência (UFBA/Uefs) no qual, enquanto aguardava a vinda do doutorado, cheguei a cursar algumas disciplinas como aluno especial.

No segundo semestre de 2004, mais precisamente no mês de outubro, tive conhecimento de um doutorado na Espanha, por meio de um colega da Física e aluno desse Programa. Era o Programa de Doutorado em Ensino de Ciências (Pidec) da Universidade de Burgos. Ao tomar conhecimento, ainda que superficial, desse programa, logo passei a me interessar, sobretudo, pela sua concepção curricular, além do fato das disciplinas serem ministradas nos meses de janeiro e julho, fatos esses que poderiam facilitar e viabilizar a minha participação.

Ingressei no referido programa e, pude perceber quão rica seria essa experiência, tanto pelos aprendizados decorrentes dos estudos realizados como também pelos inúmeros momentos vivenciados que me oportunizaram a realização de trocas de experiências e construções de novos conhecimentos que certamente foram ricos e decisivos para minha formação humana, profissional e intelectual.

Assim sendo, ainda durante o curso, propus-me a registrar fatos e ocorrências que aqui nesta obra passo a relatar e contar um pouco dessa minha trajetória no curso, das minhas alegrias e tristezas, das dificuldades vividas, dos conhecimentos construídos, das relações estabelecidas, de um sonho realizado. Enfim, falar das andanças e dos caminhos percorridos ao longo desses anos e os seus impactos na minha vida profissional e de cidadão comum.

Esta obra encontra-se dividida em capítulos aos quais denomino de CAMINHOS, escritos que tem relação direta com o programa e ATALHOS, registros de ocorrências relacionadas com a minha trajetória de vida pelo velho continente, enquanto estudante do Pidec.

CAMINHO I

O COMEÇO DE TUDO

Em outubro de 2014, realizava-se, na cidade de Feira de Santana, Bahia, o XXII Encontro de Físicos do Norte e Nordeste (XXII EFNNE). Pela vez primeira, esse evento ocorria fora de uma capital de estados das regiões Norte e Nordeste. Pela primeira vez, também, ouvi falar num tal Programa Internacional de Doutorado em Ensino de Ciências (Pidec), do qual, por ironia do destino, viria eu a fazer parte dele e ele da minha história de vida.

Naquela época, eu fazia parte da coordenação (como vice-coordenador) da programação de atividades referentes à parte de Ensino do citado Encontro. Ao final da palestra de abertura do evento, e já de retorno para casa, fui solicitado por um colega do Departamento de Física da Uefs que levasse a um hotel no centro da cidade três colegas professores de outros estados, o que de pronto atendi, colocando-me à disposição para tal. Dos três professores, restou apenas um, uma vez que os outros optaram por outras "caronas".

Esse único colega que viria comigo já era meu conhecido de outros eventos, embora fôssemos pouco íntimos. Seu nome, Antonio Ornelas, professor da Universidade Federal de Alagoas (Ufal). Cumprimentamo-nos e ao entrar no carro, eu fui logo perguntando o que estava fazendo no momento (me referindo aos estudos) e de pronto ele me respondeu: "estou com o Moreira". "Moreira? Professor Marco Antonio? Na Federal do Rio Grande do Sul? Indaguei". Então ele disse: -"sim, com o professor Moreira, mas em Burgos -". "Onde fica isso?" Questionei novamente. Foi quando ele passou a relatar-me a sua mais nova experiência.

Já estacionado em frente ao hotel, eu ouvia atentamente o que ele dizia: "Pois é, estou fazendo doutorado em Burgos, na Espanha. É um programa de doutorado em Ensino de Ciências promovido pela Universidade de Burgos (UBU), sob a coordenação do Prof. Marco Antonio Moreira e mais outros dois professores da UBU". E continuou: "Interessante é que lá as aulas acontecem de forma intensiva nos períodos que correspondem às nossas férias aqui no Brasil. Acho, inclusive, que as inscrições para próximo ano encontram-se abertas". E, sentindo o meu interesse, forneceu-me o endereço eletrônico da UBU para que eu pudesse me informar melhor.

Após essa conversa, entrei no site da Universidade de Burgos (UBU) e verifiquei que não havia qualquer informação sobre inscrição nesse Programa para 2005. Não conformado, com a ausência de informações, tentei contato com o professor Moreira e, após conseguir, depois de algumas tentativas, ele me informou que não estava por dentro de datas e inscrições, ficando de se informar com os outros coordenadores, para depois me informar com segurança. Voltei a ligar para ele e obtive a informação que a seleção dos candidatos para 2005 já havia acontecido e agora só no próximo ano, mas que eu possuía um bom perfil para ingressar nesse programa, fato que aguçou mais ainda o meu interesse.

Ansiosamente, aguarde atentamente por um ano e, enquanto isso, procurava obter mais informações sobre o curso, com o próprio Ornelas, além de outras pessoas, colegas e professores de outros programas. Com estes, as informações eram que não conheciam esse programa, mas em se tratando de o professor Moreira estar à frente, eu poderia confiar. Chegando à época da inscrição, providenciei toda a documentação exigida e a enviei para a Espanha.

Durante todo esse processo, desde ao tomar conhecimento da existência do programa até a inscrição, sentia-me como uma criança que aguarda a chegada do Natal, à espera do presente desejado. É chegado o momento da inscrição e logo, logo fiz a minha. A "sorte" foi lançada, eu confiava na adequação do meu currículo (comentada pelo Prof. Moreira) e aguardava ansiosamente o resultado, a resposta. A resposta de que teria sido selecionado, pois era grande a minha expectativa. Enquanto esperava pelo resultado, não parava de pensar no presente desejado.

Eis que, no dia 20 de outubro de 2005, recebo uma mensagem via e-mail que dizia: *"Estimado Antonio José: En respuesta a tu e-mail de 19 de octubre te comunico que has sido aceptado al PROGRAMA DE DOCTORADO ENSEÑANZA DE LAS CIENCIAS. Recibirás información dentro de uno o dos días. Saludos"*, assinado por Jesús Menezes. Confesso que fiquei confuso, ao tempo em que queria vibrar (a essa altura dos acontecimentos, Kenya já estava gritando e pulando de alegria) me perguntava: "mas porque Antonio José?". Enquanto isso, Kenya, que continuava a vibrar e espalhar a notícia por todo Colégio, tentava me fazer acreditar que seria eu mesmo e que teria havido uma troca de nomes, Jorge por José, e mais, que a mensagem tinha sido no meu e-mail. Enfim, num misto de alegria e dúvida (confesso que mais alegria e satisfação do que dúvida), eu, Kenya e Karol (amiga e professora de Espanhol do Colégio), resolvemos escrever uma mensagem por e-mail para o professor Jesús Menezes. Ficamos no aguardo da resposta, que demorou cerca de três dias quando recebi a tão esperada resposta: *"Hola Antonio Jorge: Te pido disculpas por el error, corregiremos el nombre. Saludos, Jesús Meneses".*

Agora sim, com a confirmação total, era preciso providenciar tudo que era pertinente e necessário para minha ida à Espanha. Fazer a matrícula nas disciplinas, providenciar hospedagem (por sugestão do colega Ornelas, deveria ficar no "Monastério"), além, é claro, da passagem aérea.

Tomadas as devidas providências, restava aguardar o tão sonhado dia. Digo sonhado porque quando era pequeno sempre pensava e até falava com algumas pessoas que um dia iria estudar fora do meu país, e agora esse sonho se realiza. Realiza-se, na pessoa de um "menino" cinquentão, mas que ainda tinha e tem muito a sonhar.

O PRIMEIRO EMBARQUE

É chegado o dia da viagem, 05/05/2006, uma sexta-feira, o dia de ir, o tão esperado dia da partida. Ao tempo em que estava repleto de expectativas e questionamentos: Como seria a Espanha e seus costumes? Como seria o curso? Quem seriam os meus colegas? Como era a cidade? Como seria a minha adaptação? Será que eu poderia me decepcionar com tudo e todos? E a separação, como suportar todo esse tempo longe da minha família? Embora que por não muito tempo, mas não deixava de ser uma difícil separação. Para Kenya, mais uma em sua vida, já que Weber ainda estava em Belo Horizonte. Vez por outra me deparava pensando como seria, pois, para nós (eu e Kenya), nunca mais que uma semana ficáramos distantes um do outro e, mesmo assim aqui no Brasil.

Confesso que foi uma difícil decisão e, até por vezes, bateu-me certos receios, para não dizer medos, do tipo: E se eu ficar doente? E se acontecer algo com alguém por aqui, e eu tão longe? Em meio aos pensamentos e expectativas, resolvi escrever um bilhete ou quem sabe, uma carta. Um único texto em que eu falava para cada um dos meus familiares. Naquele escrito, manifestei todo meu sentimento, o sentimento de quem partia para realização de um sonho, mas sem deixar de lado as preocupações com os entes queridos que ficavam.

CARTA AOS MEUS FAMILIARES (escrita em 05 de janeiro de 2006)

Olá, minha querida turma!

Um sonho. Uma vontade. Um desejo. Uma realização. Uma providência Divina. Assim classifico essa possibilidade que ora se apresenta diante de mim. Para tanto, algumas coisas tive e tenho que renunciar, entre elas, o convívio com vocês por algum tempo. Renunciar as viagens, os passeios, as brincadeiras, as pirraças, a porfia, enfim, o estar juntos. Pela primeira vez (tudo tem sempre a primeira vez,) afasto-me de vocês (e pra muito longe), se por um lado com vontade e determinação de realizar um sonho, por outro lado com muita saudade e receios do que encontrarei pela frente, longe de tudo e de todos, mas com a certeza de estar sempre com Deus, o meu grande GUIA.

Espero que vocês entendam essa minha decisão, e mais do que isso, apoiem-me como têm apoiado até então. Não dá para explicar a emoção que sinto de partir para realizar um antigo sonho, sonhado quem sabe, desde criança. E hoje diante dessa possibilidade, sinto-me (aos 50 anos) uma criança que longe da sua família vai "brincar". Brincar com aquilo que ela sempre gostou. Brincar de estudar. Só essa criança pode entender e dar significado a todos esses desejos e sentimentos. Só mesmo a persistência de uma criança me levaria ousar a fazer o que estou fazendo. Mas tenham certeza, meus amores, que essa criança saberá se cuidar, e com a proteção de Deus tudo dará certo.

Quanto a vocês, espero que também se cuidem. E cuidem-se bem. Cuidem-se cada um de si e dos outros. Procurem conviver em paz e cultivar a harmonia. Desfrutem bastante esses dias que passarão em BH, bem como o restante das férias para uns e trabalho para outros. Como não estarei com vocês nesses dias, gostaria de me dirigir a cada um de vocês em particular.

Começo por Dinda, sim por você, Didi, dizendo que sentirei muito sua falta, sua atenção, seus cuidados, as trocas de pirraças... Espero encontrar na volta uma comidinha bem gostosa. Ah! Quero lembrar-te que você não é mulher de três tetas, portanto faça o seu possível, chame os outros para colaborar, peça ajuda. Outra coisa, Didi, além do cafezinho, leitinho, pão e manteiga, vê se come algo mais saudável no café da manhã e à noite. Faz bem. Um beijão, baixinha.

Passo agora pra Myle. Como você tem mostrado crescimento e maturidade, você, Myle, tem sido para nós, sobretudo nos últimos meses, uma fantástica companhia. Dedicada, disponível... De motorista a "Isaura". Compartilhando sempre que possível dos nossos problemas, angústias e vitórias, opinando, sugerindo, enfim, sempre atenta e amorosa. Quanto aos estudos, continue a dedicar-se como tem feito. Dedique-se cada vez mais. Busque, embora às vezes pareça sacrifício, pois as coisas fáceis não têm sabor. Já dizia o poeta, quem sabe faz a hora. Nós nascemos, Myle, para nadar no rio da vida, algumas vezes contra outras vezes a favor da correnteza. O importante é nadar. Não importa em qual lugar chegaremos. Mas chegamos. Nadamos fizemos o nosso possível. "Vida é assim". Fico feliz também com a sua felicidade estampada no rosto, fruto do seu namoro com Tiago. É um bom menino. Gosto muito dele. Espero que ele continue lhe fazendo muito feliz e que vocês formem um par harmonioso e compreensivo. Beijos, te amo e me orgulho de tê-la como filha.

Agora é você Dé. Outro dia um menino, que cheio de temores e expectativas ia para BH. Hoje um homem, um trabalhador (falar nisso é preciso tirar sua carteira de trabalho), um anfitrião a receber sua família no seu Ap. Cidadão já quase formado e com muitos planos para o futuro. E o futuro é este ano. O ano das decisões. O que será que o destino reserva para você? São muitos desejos e sonhos. O que será melhor? Dé, somos limitados enquanto humanos, portanto, entregue nas mãos de Deus e siga o seu caminho. Faça o seu possível. Viu quanta coisa já aconteceu! Como já falei com Myle, nade. Continue a nadar, continue a nadar... Também fico muito feliz com o seu relacionamento com Rai, ela é uma boa menina e como ela bem sabe, gosto muito dela. Continuem assim, se amando e se curtindo (mesmo na distância). Dé, valeu tua presença no Natal e Ano Novo conosco, foi pouco tempo, mas foi muito bom enquanto durou. Beijos do seu pai que orgulhosamente te ama. Hum vige!

Chegou sua vez, menina. Sei que está sendo muito difícil pra você (ontem foi Weber, hoje eu, amanhã Jamyle), afinal nunca passamos tanto tempo distantes. Mas espero que você entenda e entendendo, desde já eu agradeço, pela força que tem dado, pela energia que tem passado, com muito amor, zelo, carinho e compreensão. Kenya, estou muito feliz por tudo que tens feito, como também estou muito feliz com você e por você nas suas últimas iniciativas e decisões. Continue, vá adiante. A inércia já foi rompida. Pense em você. Tudo isso lhe trará, ou melhor, já está trazendo felicidades e realizações. Aproveite bem esses dias em BH. Cuide dos "parrecudos" e cia. Como também peço aos "parrecudos" que cuidem bem da mamãe. Descanse bastante, mas não se esqueça da forma (atividade física). Desligue-se um pouco das coisas do Colégio e entreguemo-las nas mãos de Deus. Esse Deus maravilhoso que nos uniu, que nos deu esses lindos filhos, que tem nos proporcionado tantas conquistas, jamais nos abandonará, muito menos numa Escola que foi concebida sob suas bênçãos.

Bem, a saudade é grande, mas a vontade de realizar um sonho é maior, por isso estou indo, certo de que conto com o seu apoio. Com o apoio de quem amo e é por mim amada.

Que Deus te abençoe te ilumine e guarde hoje e sempre. Tenha certeza que sempre estarei sintonizado com você durante esses dias.

Te amo, bem. Gosto muito de você, viu!

Um beijão para todos vocês e que Deus nos abençoe.

Fui, minha galera querida!

Hasta Luego!

Antonio Jorge

No aeroporto, ao embarcar, deixei com Kenya essa carta. Ainda hoje me lembro daquele momento, foi muita emoção, mostrei-me forte até passar pelo raio-x do embarque e a cada vez que olhava para trás e os avistava (Kenya, Jamyle, Didi,...) não controlava a minha emoção e as lágrimas caíam (como caem agora ao lembrar-me daquele momento) e continuava a seguir num misto de orgulho e alegria, tristeza e dor. Alegria por mais essa conquista, orgulho daquele menino que um dia sonhara com tal feito, tristeza e dor, por começar essa nova etapa de minha vida longe daqueles que eu amo e pelos quais me sinto querido e amado.

É chegada a hora do embarque, e lá se vai Antonio Jorge, ou melhor, simplesmente Antonio, como de agora em diante seria chamado pelos meus novos colegas e professores do Programa.

A CHEGADA EM BURGOS

Cheguei à cidade de Burgos ao final da tarde do dia 06 de maio, num dia de feriado (depois que fiquei sabendo), a cidade parada, o tempo estava nublado e garoava um pouco, tudo muito estranho, tudo muito cinza. Ainda na estação rodoviária (*"Terminal de autobuses"*) perguntei para alguém (não lembro como) onde ficava o tal *Monastério*, local onde eu iria me hospedar (eu sabia que era perto da rodoviária) e fui informado de que era perto da Catedral. E lá fui eu "puxando rex" (arrastando a mala) até chegar ao destino, o *Monastério*, que mais tarde iria saber que se tratava de Mosteiro e Faculdade de Teologia, além de uma hospedaria.

Fotografia 1 – Colegio Mayor San Jerónimo/Faculdade de Teologia (Hospedaria)

Fonte: o autor

Fotografia 2 – Antonio Jorge (primeira hospedaria)

Fonte: o autor

Enquanto me dirigia ao portão de entrada do prédio, percebi que uma mulher, também carregando uma mala, dali se aproximava, chamava-se Sônia, uma colombiana que também fazia parte do Programa (turma de 2005). Tocamos a campainha, mas não fomos de pronto atendidos, embora ao menos eu tivesse a certeza de que o local era aquele e que nós não estávamos sozinhos. Depois de algumas tentativas, inclusive via porta do fundo do prédio, a colega Sônia, que já havia se hospedado ali, resolveu ligar para o administrador, D. Felicíssimo, já que tínhamos o seu telefone.

D. Felicíssimo era a pessoa com a qual eu havia feito os contatos por e-mail para fazer a reserva da hospedagem e que, segundo o colega Antonio Ornelas, tratava-se de um ser maravilhoso. Tive conhecimento que ele estava muito doente (câncer) e que nem estava saindo para trabalhar. Não o conheci e fiquei sabendo que meses depois veio a falecer.

Após o contato telefônico com D. Felicíssimo, tudo ficou resolvido, pois ele contatou com a residência e logo uma irmã veio nos atender. Fomos muito bem recebidos; ela nos ofereceu café e logo providenciou nos acomodar em *"nuestras habitaciones"* (nossos quartos) e assim fiquei instalado no local que passaria a ser a "minha casa" durante essa primeira estada em Burgos.

Confesso, era tudo muito diferente, um mundo estranho para mim, um velho novo mundo. Não poderia naquele momento falar muito da cidade, pois ainda pouco conhecia, mas da residência, com o cair da tarde, já dava para sentir certa estranheza, pouca luz, silêncio, tudo muito antigo (século XIX). Tive dificuldades para dormir naquela primeira noite, e fiquei torcendo para que logo amanhecesse o dia.

O DIA SEGUINTE

É chegado o dia seguinte, um sábado, e com ele também chegaram novas pessoas que, aos poucos, fui conhecendo e sabendo suas origens e que seriam meus colegas de curso: Cláudia, Adriana, Berenice e Alberto todos do Rio Grande do Sul; Lucia e Saida, ambas da Venezuela; além de tantas outras pessoas (padres ou não) de diversas partes do mundo.

No domingo, mais pessoas chegaram e a residência foi ganhando mais vida, ao tempo em que eu começava a me acostumar com a minha nova morada. Ao meio dia, fui à missa da Catedral (pertinho da Residência) e depois fui conhecer um pouco mais da cidade, já que havia alguns daqueles colegas da turma anterior que já a conheciam.

A CIDADE DE BURGOS

Burgos é um município da Espanha localizado no centro da província de Burgos, situado no centro norte do país a 244 km de Madrid na Comunidade Autónoma de Castela e Leão. Possui uma área de 107,08 km² e está localizado 856 metros acima do nível do mar, de acordo com o Instituto Nacional de Geografia. O clima é mediterrânico continental com influências mediterrânicas de precipitação. A Primavera é a estação mais chuvosa, enquanto o verão é suave e menos úmido do que no Mediterrâneo. O inverno é frio e pode nevar abundantemente, por vezes até na primavera, com temperaturas mínimas que, ocasionalmente, chegam aos -10 °C. Sua população é de aproximadamente 180.000 habitantes (censo 2010).

Fotografia 3 – Entrada da cidade de Burgos

Fonte: o autor

Fotografia 4 – Catedral em Burgos

Fonte: o autor

Fotografia 5 – Cidade de Burgos

Fonte: o autor

Trata-se de uma cidade milenar, fundada como fortaleza em 884, foi elevada à categoria de sede episcopal em 1029. Foi a capital do reino de Castela, e intermitentemente da Coroa de Castela, de 1230 até o reinado dos monarcas católicos. Mais tarde, foi a capital da antiga região histórica de Castilla la Vieja, e a primeira capital provisória da comunidade autônoma de Castilla e León. Durante os séculos XV e XVI, foi um lugar de importantes feiras. Burgos foi sede do governo de Franco e rica em arte gótica, destacando-se as igrejas de Santa Gadea (século XII), Santo Estêvão (século XIII) e S. Gil (século XIII-XIV), o Hospital del Rey, o Solar del Cid, os conventos das Carmelitas e Agostinhas, e, sobretudo, a Catedral de Santa Maria, expoente da arquitetura gótica declarada Patrimônio Mundial pela Unesco. A Catedral de Burgos teve sua construção iniciada em 1221, inspirada no modelo francês de Reims. Há uma saliência no seu interior, o altar-mor (1593), o coro e a Escada Dourada (renascentista). Além dos já citados, temos ainda o mosteiro de Santa Maria la Real de Las Huelgas e o Carthusiano de Miraflores.

Além das informações supracitadas, vale também ressaltar que a cidade é atravessada pelo Caminho de Santiago, outro Patrimônio Mundial e está localizada a menos de 15 km do sítio arqueológico de Atapuerca, também sob a proteção da Unesco desde 2000. Em 13 de julho de 2010, o Museu da Evolução Humana abriu suas portas.

A cidade experimentou uma forte industrialização durante o século XX, principalmente em torno do setor automotivo e alimentício, facilitada por boas comunicações com outras capitais, como Valladolid ou Vitória, das quais é distante apenas cerca de 120 km. Esses fatores, juntamente a um setor terciário desenvolvido, com presença significativa do turismo, fazem dela a 18ª cidade em atividade econômica do país.

Burgos é uma cidade com a qual muito me identifiquei, não só pelos seus aspectos históricos, pelo seu povo, pelo seu clima, mas acima de tudo pela sua tranquilidade. Por todos esses predicados e muito mais, Burgos é uma cidade carismática e hospitaleira, boa para morar, boa para estudar, boa para viver e conviver.

Durante o período que por lá passei, tive a oportunidade de conhecer e experimentar muitas coisas, de passear pela cidade e conhecer seus recantos, sítios e monumentos históricos, assistir às missas na Catedral aos domingos, de experimentar pratos diversos da sua culinária, a exemplo do cordeiro assado, além de degustar bons vinhos, cervejas e tira-gostos da região.

Fotografia 6 – Cidade de Burgos

Fonte: o autor

Nas minhas várias estadas em Burgos, tive a oportunidade de conhecer a cidade nas diferentes e bem definidas estações do ano nos países do hemisfério norte. Experimentei o frio das baixas temperaturas (-7 °C) do inverno e a sensação de conhecer a neve, o clima agradável, o verde da vegetação e colorido das flores na primavera, as altas temperaturas do ensolarado verão e o outono das folhas amareladas e do tempo instável.

Em qualquer das estações do ano, Burgos sempre se apresentara para mim como uma cidade simples e acolhedora. Nela eu me acostumei com as agradáveis caminhadas até ao centro da cidade (sempre me hospedava no entorno do campus da universidade), em frequentar seus bares, cafés e restaurantes, fazer compras nos supermercados, ir ao teatro, passear pelo "*Espolón*", visitar as lojas no comércio..., enfim conhecer a cada dia a cidade que me conquistou com o seu jeito todo especial de ser e de acolher.[1][2]

---

[1] Disponível em: www.ubu.es. Acesso em: 29 abr. 2020.

[2] Disponível em: www.aytoburgos.es. Acesso em: 29 abr. 2020.

A UNIVERSIDADE DE BURGOS

Fotografia 7 – Faculdade de Ciências

Fonte: o autor

Fotografia 8 – Portal da Universidade de Burgos

Fonte: o autor

Fotografia 9 – Faculdade de Educação da UBU Fotografia 10 – Lucia, Aparecida, Saida e Antonio Jorge

Fonte: o autor

Criada em 26 de maio de 1994, a Universidade de Burgos (UBU) configurou-se como a mais nova universidade pública da região, fruto de projeto sólido que começou com as primeiras escolas, catedral medieval e a primeira universidade da Faculdade de Medicina dos séculos XVIII e XIX, em Burgos. Eles continuaram a adesão de Burgos, como Campus diferenciado, pertencente à Universidade de Valladolid desde 1972, anos necessários para criar uma base acadêmica inteira e ancorar uma estrutura científica que lhe permitiu, de uma posição de maturidade, dar o passo lógico para a criação da Universidade de Burgos, uma uníssona reivindicação para a cidade de Burgos.

Em sua estrutura atual a UBU conta com cinco centros: Direito; Ciências Humanas e Educação; Economia e Negócios; Ciências; e a Escola Politécnica. Além disso, possui três centros afiliados: Escola de Relações de Trabalho, Escola Superior de Turismo e da Escola de Enfermagem.

A UBU possui um contingente de 9000 alunos, 700 professores e 300 funcionários administrativos e de serviços e tem uma estrutura de pesquisa intimamente relacionada com o setor produtivo, que permite que 85% de seus alunos fazerem experiências de trabalho. Os mais de 400 acordos de Seneca e acordos com universidades de quatro continentes podem complementar suas 33 titulações e gerar um fluxo de trocas de alunos e professores de 17 países, completando, assim, o seu panorama de pesquisa.[3]

O PROGRAMA INTERNACIONAL DE DOUTORADO EM ENSINO DE CIÊNCIAS (PIDEC)

O Programa Internacional de Doutorado em Ensino de Ciências (Pidec) é a realidade de um sonho compartilhado por professores e pesquisadores envolvidos em um projeto comum, para o qual cada um trouxe o melhor de si, independentemente de tempo, e sem fins lucrativos.

O interesse que ocupa essas mentes é a formação de pesquisadores em educação, os esforços para melhorar o ensino de ciências em todos os continentes onde você poderia encontrar um professor entusiasmado com a docência e aprendizagem dos seus alunos.

Um programa de doutorado orientado para a formação de pesquisadores em ensino das ciências experimentais e professores universitários nessas áreas. A teoria da aprendizagem significativa e as contribuições da psicologia cognitiva contemporânea são os referenciais teóricos que suportam a sua proposta.

Como iniciativa começada em 1999 na Universidade de Burgos, tem superado as expectativas daqueles que sonharam com a certeza de que valia a pena apostar em uma mudança no ensino de ciências, convencidos de que essa mudança só era possível se o ensino é entendido como meio para promover a aprendizagem e convencidos, também, de que a única verdadeira aprendizagem é a aprendizagem significativa. Para tornar isso possível é imprescindível uma formação dos professores e o Pidec tem sido esse espaço formador de docentes e pesquisadores em ensino das ciências

---

[3] Disponível em: www.ubu.es. Acesso em: 29 abr. 2020.

que querem viver sua profissão a partir da perspectiva da aprendizagem significativa (texto escrito com base na proposta do Pidec).

Com um corpo docente composto por professores/pesquisadores da Universidade de Burgos e de universidades brasileiras, esse programa sempre teve suas atividades curriculares desenvolvidas nas faculdades de Ciências e de Educação da Universidade de Burgos (UBU) na cidade de Burgos, região de Castilla e León, Espanha e sempre contou com a coordenação dos professores Concesa Caballero (UBU), Jesús Menezes (UBU) e Marco Antonio Moreira da Universidade Federal do Rio Grande do Sul (UFRGS), com a qual mantinha um convênio.

CAMINHO II

OS SEMESTRES LETIVOS DO CURSO

O PRIMEIRO SEMESTRE DE AULAS

É chegada a segunda-feira, 08 de maio ("Dia do Fico") de 2006, e com ele, a certeza de que eu ficaria, embora com muitas expectativas e incertezas com aquele curso que estava por se iniciar. Fomos todos nós, colegas do curso, a pé até a universidade, mais precisamente à Faculdade de Ciências. Uma caminhada e tanto (30 a 40 min), muito frio, mas todos devidamente agasalhados. Chegando lá, fomos ter com a Prof.ª Concesa Caballero, a quem os veteranos consideravam como uma verdadeira mãe, pelo seu jeito acolhedor e especial de ser, o que eles tinham razão, pois pude perceber naquele primeiro contato, e mais tarde, na condição de seu orientando, pude ratificar.

Nesse primeiro semestre iríamos cursar três disciplinas: Métodos de Pesquisa Quantitativa, com os professores Jesús Meneses e Fernando Lara; Métodos de Pesquisa Qualitativa, com o professor Marco Antonio Moreira; Psicologia Cognitiva com a professora Concesa Caballero.

Após os contatos iniciais e as boas-vindas, começamos o curso com a primeira disciplina, "Métodos de pesquisa quantitativa", um curso teórico--prático, sendo a teoria ministrada pelo Prof. Jesús, e a prática, com o Prof. Lara. Foi uma experiência "fantástica", para não dizer traumatizante, devido a alguns fatores. Eram dois professores espanhóis e que falam muito rápido, fato que comprometia sensivelmente o entendimento do idioma (primeira limitação). Não entendia quase nada do que eles falavam, sobretudo o Prof. Lara que falava mais rápido que Jesús. Outro fator era que além do Lara falar rápido, a sua aula era no laboratório de informática da Faculdade de Educação e eu mal sabia ligar um computador (segunda limitação). Essas limitações constituíram-se para mim um enorme obstáculo, um grande desafio, muito embora contasse com a grande ajuda e compreensão de alguns colegas, sobretudo da colega Cláudia Petter (Estrela/Rio Grande do Sul), que mais tarde viria ocorrer também em outra disciplina.

Segunda semana, nova disciplina: "Métodos qualitativos de pesquisa", com o professor Moreira, mesmo falando em espanhol eu conseguia entendê-lo mais do que os outros professores da disciplina anterior.

Na semana seguinte, cursamos a terceira e última disciplina daquele primeiro semestre, Psicologia Cognitiva com a Prof.ª Concesa, oportunidade que tivemos de conhecer e estudar mais profundamente os teóricos da Psicologia cognitiva e suas obras. Foi um curso bem ministrado pela Prof.ª Concesa, enriquecedor e bastante proveitoso. Apesar das citadas qualidades, foi um curso denso, corrido e muito intenso, como os anteriores.

Sobre a avaliação em cada uma das disciplinas, além de levar em consideração as atividades desenvolvidas e apresentadas ao longo de cada curso, também éramos convocados a elaborar, dentro de um determinado prazo, uma monografia, a exceção da disciplina Métodos Quantitativos que foi um projeto de pesquisa com base em metodologia quantitativa.

O SEGUNDO SEMESTRE DE AULAS

Após ter cursado as disciplinas do primeiro semestre e apresentado, em tempo hábil, as monografias relativas a cada uma delas, voltamos a Burgos (julho/2006) para cursar outras quatro disciplinas referente ao segundo semestre do curso.

Era dia 1º de julho de 2006, ansioso, apreensivo e com muita vontade de rever os colegas, cheguei a Burgos e dessa vez fiquei na Residencia Universitaria Camino de Santiago. Ao chegar à Residência, não encontrei com os colegas da minha turma, não tinham ainda chegado. Até então, a única pessoa do programa que já estava lá era a colega Berenice (Rio Grande do Sul), da turma anterior, com a qual não tinha muita aproximação.

Era copa do mundo e o Brasil iria jogar pelas quartas de finais contra a França. Assisti a esse jogo praticamente sozinho numa TV que, embora grande, não apresentava imagem de boa qualidade. Além de estar sozinho e longe da minha pátria, tive o desprazer de assistir à derrota do Brasil e, consequentemente, a sua desclassificação da copa do mundo de 2006.

Somente mais tarde e no outro dia começaram a chegar meus colegas companheiros de jornada. Mais uma etapa se iniciava e tínhamos pela frente mais quatro novas disciplinas: Novas Tecnologias em Educação, com professora Eliane Veit (UFRGS); Teorias de Ensino e Aprendizagem, com os professores Concesa Caballero (UBU) e Marco Antonio Moreira (UFRGS);

Epistemologia da Ciência, com professor Moreira e Análise do Discurso e Resolução de Problemas com a professora Sayonara Cabral (PUC-RS). Quatro disciplinas, quatro monografias e agora para serem entregues em menos tempo, até setembro do ano em curso.

Tendo conhecimento dessas disciplinas, uma delas me despertou atenção, ou melhor, me preocupou bastante, Novas Tecnologias em Educação. Essa preocupação se dava basicamente por simples (não para mim) motivo, a falta de intimidade com o computador, fato que me levou, mais uma vez, a ficar muito tenso. Entretanto durante as aulas coloquei em prática algumas estratégias que com certeza ajudaram-me a sair relativamente bem nessa disciplina.

Diante da iminência de possíveis dificuldades a serem enfrentadas, tratei de buscar algumas estratégias: a primeira estratégia foi tratar fazer dupla com a colega Cláudia Petter, que conhecia muito mais do que eu sobre o manejo com o computador, e a segunda foi conversar francamente com a professora sobre as minhas limitações com a área da informática.

Confesso que essas estratégias foram fundamentais para mim e decisivas para o acompanhamento do curso. A colega Cláudia foi muito paciente e tolerante para comigo, tratava-me como uma de suas crianças do fundamental. Por sua vez, a professora Eliane, percebendo as minhas limitações e as possíveis implicações para com a minha evolução no curso, foi bastante tolerante e compreensiva para comigo.

Com todas essas complicações, confesso que o curso dessa disciplina transcorreu a contento. Embora com dificuldades, na medida do possível, acompanhei as aulas e procurei me superar no transcorrer das atividades propostas.

Como nas outras disciplinas, ao final do curso nos fora solicitado a elaboração de uma monografia dentro da temática estudada, ficando livre, para nós estudantes, o que iríamos abordar com base nos nossos interesses e sistemas de significação.

Optei por escrever um texto, na perspectiva de uma pesquisa bibliográfica, tratando da problemática referente a simulação no Ensino de Ciências: "Novas Tecnologias em Educação: o uso dos recursos da informática na educação científica".

Ao longo da realização da pesquisa bibliográfica e tessitura do texto monográfico, confesso que fui tomado por um sentimento de profunda gratidão e, por consequência, o desejo de retribuir a alguém que muito contribuiu para com o meu desempenho e evolução no curso: a professora Eliane Veit. E sendo assim, dentro das minhas condições e limitações, lancei para mim mesmo o desafio de realizar o melhor trabalho possível, e assim o fiz.

Tendo finalizado o trabalho, com muito empenho e dedicação, tratei de enviá-lo para a professora Eliane dentro do prazo estipulado e fiquei aguardando o resultado final da sua avaliação. Ao ter conhecimento do resultado, conceito *"Sobressalente"*, confesso que fiquei muito feliz e recompensado pela dedicação e empenho com que realizei essa tarefa, além, é claro, do vasto conhecimento construído nesse campo do saber, por mim pouco explorado até antes de cursar aquela disciplina.

Passado algum tempo, mais precisamente em dezembro de 2006, na Semana de Pesquisa no Instituto de Física da UFRGS, eu e a professora Eliane voltamos a nos encontrar e, entre outras coisas, conversamos também sobre o trabalho monográfico, oportunidade em que além de tecer elogios, os seus comentários me encorajaram a dar forma de artigo ao trabalho e, em dezembro de 2007, submetê-lo a um periódico, o *Caderno Brasileiro de Ensino de Física* (CBEF).

Em outubro de 2008, recebi do CBEF a seguinte mensagem: *"Estou enviando em anexo o artigo As Novas Tecnologias e o uso dos recursos telemáticos na Educação Científica: a simulação computacional na Educação em Física" na forma como será publicado no v.25, n.3 do CBEF. Quaisquer modificações coloquem em cores, para eu poder identificá-las".*

Essa mensagem era mais que o aceite daquele que seria o meu primeiro artigo publicado em nível nacional, era para mim a confirmação da minha persistência, dedicação e estudo na disciplina.

Esse feito foi compartilhado com a professora Eliane, por e-mail com a seguinte mensagem: *"Prof.ª Eliane Olá Professora, como tens passado? Espero que estejas bem. Estou escrevendo para comunicar-lhe que o artigo "As novas tecnologias e o uso dos recursos telemáticos na educação científica: a simulação computacional na educação em Física", de minha autoria foi aceito para publicação no Caderno Brasileiro de Ensino de Física (v. 25, n. 3, dez/2008). Quero lembrar-lhe que este artigo foi uma adequação da própria Monografia que fiz para a disciplina "Novas Tecnologias" em Burgos e seus comentários me encorajaram a dar forma de artigo e submetê-lo a um periódico. Portanto quero partilhar contigo essa minha conquista e agradecer pela sua atenção e acolhida (quando seu aluno lá em Burgos), como também pelo seu incentivo. Obrigado, Prof.ª Eliane. Muito obrigado! Abraços fraternos".*

A professora me respondeu: *"Parabéns, Antonio! Fico feliz que teu trabalho tenha sido aceito para publicação e que tenhas partilhado esta alegria comigo. Será que poderias me enviar uma cópia dele? Um abraço. Eliane".*

Embora a disciplina Novas Tecnologias em Educação não se constituísse objeto de meu interesse para efeito de investigação, mergulhar nessa temática foi para mim, enquanto professor de Física nos níveis médio e superior, uma experiência de fundamental importância e de extrema contribuição, sobretudo para a docência na formação de futuros professores.

Não poderia também deixar de salientar e ressaltar a importância dos estudos realizados nas demais disciplinas deste semestre que, assim como as já cursadas no primeiro semestre, muito contribuíram para a realização da pesquisa ao longo do doutorado.

Na disciplina Teoria de Ensino e Aprendizagem, ministrada de forma séria e competente pelos professores Moreira e Concesa, estudamos as teorias tendo como base as suas filosofias subjacentes: a comportamentalista (behaviorismo), cognitivista (construtivismo) e a humanista. Vale lembrar que algumas das teorias estudadas podem ter suporte em mais de uma corrente filosófica. Uma disciplina por demais esclarecedora sobre os atos de ensinar e aprender, contribuindo dessa forma, não só com o nosso processo de investigação, como também enriquecendo o nosso fazer pedagógico.

Em Epistemologia da Ciência, disciplina ministrada pelo Prof. Moreira, tivemos a oportunidade de estudar, ainda que numa visão introdutória, as obras de oito concepções epistemológicas, existentes nas obras de Popper, Kuhn, Lakatos, Laudan, Feyerabend, Bachelard, Maturana e Toulmin, e suas contribuições para a Educação Científica, o que, assim como as demais disciplinas, viria mais tarde a contribuir com a elaboração de muitos trabalhos de pesquisa.

Embora denominada Análise do Discurso e Resolução de Problemas, essa disciplina, conduzida pela Prof.ª Sayonara Cabral, esteve mais voltada para a resolução de problemas enquanto campo de investigação na área de Ensino de Física e certamente contribuiu sobremaneira para muitos que nas suas pesquisas trilharam esse caminho.

Em princípio, essas disciplinas se constituíra para mim como um conjunto de créditos que deveriam ser cumpridos nesse período do curso, só nas etapas seguintes, na elaboração do Estudo Exploratório (trabalho para efeito de qualificação) e mais tarde quando da estruturação do projeto de pesquisa, pude perceber a importância e a contribuição dos conteúdos estudados nessas disciplinas. Elas (as disciplinas) foram decisivas para a realização não só dos trabalhos supracitados como para tantos outros futuros, incluindo o trabalho de tese.

CAMINHO III

APRENDIZAGEM SIGNIFICATIVA: UM NORTE... UMA REFERÊNCIA

Ao ingressar no Programa Internacional de Doctorado en Enseñansa en de las Ciencias, tomei conhecimento de que o seu currículo tinha como referencial teórico a Teoria da Aprendizagem Significativa (TAS) de David Ausubel. Ou seja, nesse Programa a TAS se constituía no parâmetro norteador para efeito de estudos e trabalhos a serem desenvolvidos ao longo do curso.

Nosso propósito neste capítulo é o de falarmos um pouco dessa teoria e sua importância para a educação, além de traçar um paralelo estabelecendo uma relação entre os aprendizados por mim alcançados a luz dessa teoria, utilizando para tanto de seus conceitos, princípios e significados.

Realizar um curso como esse é estabelecer um forte compromisso com os estudos e, também, ter a oportunidade da realização e enfrentamento de múltiplas tarefas, afazeres e compromissos que certamente contribuíram para a aquisição de novos aprendizados e construção de um vasto e denso conhecimento, quer como cidadão do mundo, quer como educador ou pesquisador.

Estudando, pesquisando, conversando, viajando, conhecendo novas pessoas, participando de eventos, em todos esses momentos e oportunidades, pude perceber a importância de aprender e construir conhecimentos com significado.

Aprender significativamente significa construir e se apropriar de conhecimentos, consciente do significado daquilo que foi aprendido. Nesse sentido, pude perceber e sentir a manifestação desse tipo de aprendizagem em minha vida durante esses anos vividos e experiências vivenciadas ao longo do doutorado. Digo e repito, a realização desse curso me oportunizou construir um vasto e denso conhecimento e, do muito aprendido, foi de grande significado para mim enquanto ser humano, cidadão comum e, sobretudo, profissional da educação.

DAVID PAUL AUSUBEL (1918 - 2008): O AUTOR DA TEORIA DA APRENDIZAGEM SIGNIFICATIVA (TAS)

Filho de imigrantes judeus, David Ausubel, sofreu durante anos na escola, entre outras coisas, por não ter sua história pessoal considerada pelos educadores, o que o fez crescer insatisfeito com a sua educação escolar. Ele publicou seus primeiros estudos sobre a teoria da aprendizagem significativa (*The Psychology of Meaningful Verbal Learning*), em 1963 e seu desenvolvimento deu-se ao longo dos anos 60 e 70.

Ausubel foi professor emérito da Universidade de Columbia, em Nova Iorque e dedicou sua carreira acadêmica à psicologia educacional, embora de formação seja médico psiquiatra. Há alguns anos, com a aposentadoria, voltou à psiquiatria. Desde essa época, Ausubel recebeu a contribuição de Joseph Novak, educador da Universidade de Cornnel, o qual tem refinado e divulgado a sua teoria (MOREIRA, 1990).

Com a contribuição de Novak, a Teoria da Aprendizagem Significativa modificou o foco do ensino baseado no estímulo-resposta-reforço positivo, para o modelo de aprendizagem significativa, centrada na mudança conceitual e no construtivismo, naturalmente.

MARCO ANTONIO MOREIRA: ENTUSIASTA DIVULGADOR DA TAS

Em um de seus livros publicados sobre a Teoria da Aprendizagem Significativa, *Aprendizagem Significativa: a teoria e textos complementares* (Editora Livraria da Física, 2011), o professor Marco Antonio Moreira escreve a dedicatória desta obra ao Professor Joseph Novak. No texto ele diz:

> A primeira vez que eu ouvi falar em aprendizagem significativa foi em 1972, em um seminário ministrado pelo professor Joseph Novak no departamento de Física de Cornell. Ele era da Biologia, mas estava no Departamento de Educação e foi convidado a dar um seminário no Departamento de Física, onde eu estava como visitante naquele ano. Mais tarde, em meados dos anos de 1970, fiz meu doutorado, na mesma universidade, sob orientação do Professor Novak e minha tese foi sobre aprendizagem significativa de conteúdos de Física.

> Desde então, temos trabalhado juntos em várias oportunidades, ministrando cursos e organizando congressos, sempre sobre aprendizagem significativa.
> Dedico a ele este livro. M.A. Moreira

O texto dessa dedicatória nos conduz a perceber não só há quanto tempo o professor Moreira lida com os aspectos relacionados com aprendizagem significativa, como também da sua estreita relação com o professor Novak, discípulo de David Ausubel e um dos grandes colaboradores da Teoria da Aprendizagem Significativa (TAS), com Bob Gowin.

A estreita relação do professor Moreira com esses pesquisadores e teóricos, além dos seus estudos e pesquisas sobre a aprendizagem significativa, muito contribuíram e certamente lhe credenciou como um pesquisador adequado para difundir a TAS, mantendo toda a sua ortodoxia, isto é, sem deturpações, como infelizmente por vezes acontece (PAULO, 2018).

Além de profundo estudioso e divulgador da TAS, o professor Moreira também manifestou uma proposta de trabalho denominada de Aprendizagem Significativa Crítica, na qual com base nas ideias de Neil Postman e Charles Weingartner ele argumenta que a aprendizagem significativa subversiva ou crítica é uma estratégia necessária para sobreviver nessa sociedade contemporânea de muitas informações, mudanças rápidas e drásticas (MOREIRA, 2005).

A proposta da Aprendizagem significativa Crítica, "enfatiza que a motivação para aprender não se dá apenas no sentido de propor estratégias e recursos didáticos e sugere que o importante também é que o aluno perceba como relevante o novo conhecimento a ser construído e produzido utilizando de maneira substantiva e não arbitrária os seus subsunçores" (PAULO, 2018, p.79). Ou seja, trata-se de uma proposta segundo a qual favorece ao sujeito aprendiz fazer parte da sua cultura e, ao mesmo tempo, estar fora dela.

UM POUCO DA TAS

> O conhecimento é significativo por definição. É o produto significativo de um processo psicológico cognitivo (conhecer) que supõe a interação entre umas ideias logicamente (culturalmente) significativas, umas ideias de fundo (de ancoragem) pertinentes na estrutura cognitiva (ou na estrutura do conhecimento) da pessoa concreta que aprende e a atitude mental

> desta pessoa em relação com a aprendizagem significativa ou a aquisição e a retenção de conhecimentos (AUSUBEL, 2002 – prefácio da obra *Adquisición e Conocimiento: una perspectiva cognitiva*).

Três são os tipos gerais de aprendizagem que encontramos na literatura especializada: a cognitiva, a afetiva e a psicomotora. Entretanto a nossa prioridade neste texto será com a aprendizagem que se processa na mente do ser que aprende, na estrutura mental do ser cognoscente. A teoria de David Ausubel tem como foco principal essa aprendizagem, a aprendizagem cognitiva, que segundo ele mesmo,

> [...] por definição envolve a aquisição de novos significados. Estes são, por sua vez, os produtos finais da aprendizagem significativa. Ou seja, o surgimento de novos significados no aprendiz reflete a ação e a finalização anteriores no processo de aprendizagem significativa (AUSUBEL, 2003, p. 71).

Ausubel, conforme Moreira, "é um representante do cognitivismo e, como tal, propõe uma explicação teórica do processo de aprendizagem, segundo o ponto de vista cognitivista, embora reconheça a importância da experiência afetiva" (MOREIRA, 1999, p. 157).

Ausubel tem sua atenção sempre voltada para aprendizagem que ocorre no cotidiano das escolas. Ele considera aquilo que o estudante já sabe como sendo o fator que mais influência no seu aprendizado. Na sua teoria, o conceito central é o conceito de aprendizagem significativa, como sendo:

> [...] um processo pelo qual uma nova informação se relaciona, de maneira substantiva (não literal) e não arbitrária, a um aspecto relevante da estrutura cognitiva do indivíduo. Neste processo a nova informação **interage** com uma estrutura de conhecimento específica, a qual Ausubel chama de '**conceito subsunçor**' ou, simplesmente '**subsunçor**', existente na estrutura cognitiva de quem aprende. (MOREIRA, 2006, pp. 14-15).

Observemos, entretanto, que na TAS fala-se que a nova informação relaciona-se de forma *não literal* e não arbitrária, com aspectos relevantes da estrutura cognitiva o que não significa, portanto, não se tratar de uma aprendizagem mecânica, onde as novas informações pouco ou nada interagem com os conceitos relevantes e pré-existentes na mente do indivíduo, mas sim um processo que ofereça condições para que a aprendizagem ocorra significativamente. Entretanto, "Ausubel não estabelece a distinção entre aprendizagem significativa e aprendizagem mecânica como sendo uma dicotomia e sim um contínuum" (MOREIRA, 2006, p. 17).

Quanto a esse novo conceito – *subsunçor* – que aparece nessa teoria, é como se fosse uma espécie de um conceito prévio, uma ideia pré-existente na estrutura cognitiva do indivíduo que pode servir de *ancoradouro* para uma informação nova. E de onde vêm os subsunçores? O que fazer quando eles não existem? Como se formam?

> Uma resposta plausível é que a aprendizagem mecânica é sempre necessária quando um indivíduo adquire informações em uma área de conhecimento completamente nova para ele, isto é, a aprendizagem mecânica ocorre até alguns elementos de conhecimento, relevantes a novas informações na mesma área, existam na estrutura cognitiva e possam servir de subsunçores, ainda que pouco elaborados. (MOREIRA, 2006, p. 23)

Segundo ainda o mesmo autor, a maioria dos novos conceitos é adquirido por meio dos processos de assimilação, diferenciação progressiva e reconciliação integrativa de conceitos (MOREIRA, 2006). Esses princípios serão mais bem detalhados adiante.

Por outro lado, na sua teoria, Ausubel propõe o uso do que ele chama de organizadores prévios (materiais introdutórios apresentados antes do material a ser aprendido) que podem funcionar como pontes cognitivas para uma nova aprendizagem e o consequente desenvolvimento subsunçores que venham a facilitar aprendizagens subsequentes (MOREIRA, 2006).

Moreira (2006), fundamentado na teoria de Ausubel, destaca duas condições para que a aprendizagem significativa ocorra:

1. que o material a ser aprendido seja potencialmente significativo, portanto, relacionável à estrutura cognitiva do aprendiz, de forma não arbitrária e não literal;

2. que o aprendiz apresente disposição para relacionar substantivamente e de forma não arbitrária o material potencialmente significativo à sua estrutura mental.

Mas como verificar se a aprendizagem significativa realmente ocorreu? Moreira (2006), em conformidade com Ausubel, buscando diagnosticar evidências de ocorrência dessa aprendizagem, propõe que *"a melhor maneira de evitar a 'simulação da aprendizagem significativa' é formular questões e problemas de uma maneira nova e não familiar [...]"*. Deve-se propor aos estudantes questões, problemas e situações a eles não familiarizadas, diferentes que são apresentados em classe e nos materiais de estudo.

Conforme Moreira (2006), Ausubel distingue três tipos de aprendizagem significativa, que são:

- *Aprendizagem representacional:* relaciona-se à atribuição de significados a determinados símbolos (palavras) com aquilo ao que diz respeito. Os símbolos passam a significar, para o sujeito, aquilo que seus referentes significam. Desse tipo dependem os demais;

- *Aprendizagem de conceitos:* espécie de aprendizagem representacional, na qual os conceitos são representados por símbolos genéricos ou categóricos; representam abstrações dos atributos essenciais dos referentes;

- *Aprendizagem proposicional*: contrariamente à representacional, nesse tipo de aprendizagem não interessa aprender o que as palavras significam, mas, sim, aprender o significado de ideias em forma de proposição.

Na sua Teoria da Aprendizagem significativa, Ausubel considera que *"o fator isolado mais importante que influencia a aprendizagem é aquilo que o aluno já sabe; descubra isso e ensine-o de acordo"*. Assim sendo, ele enfatiza o importante papel tanto da estrutura cognitiva prévia quanto da organização significativa da matéria a ser ensinada.

CAMINHO IV

O INÍCIO DOS TRABALHOS DE PESQUISA

O ano de 2006 se passou, e com ele se foi o período das disciplinas. Como já foi dito anteriormente, os estudos realizados nas diversas disciplinas ao longo dos semestres desse ano, foram fundamentais e decisivos para a consecução dos trabalhos de pesquisa que doravante teríamos a realizar. Para cada temática pensada como possível objeto investigação, havia, no elenco das disciplinas cursadas, possibilidades de encontrar elementos ou indicativos que poderiam se constituir em possíveis suportes teóricos e/ou metodológicos para as nossas pesquisas.

Com a chegada do ano seguinte, 2007, veio a necessidade de decidir sobre a temática de interesse que iria se constituir em nosso objeto de pesquisa no doutorado. Ao longo de todo esse ano muitas problemáticas desfilaram nos meus pensamentos e nas minhas reflexões. O tempo passava, muitas leituras eram realizadas, conversas e mais conversas com amigos, colegas e professores ocorriam, mas, até então, parecia que nada contribuía para decidir sobre qual problemática iria me debruçar para efeito de investigação. Até a visita de Concesa e Jesús à Bahia, em que nós (eu, minha esposa Kenya e minha filha Jamyle) tivemos o prazer de cicereoneá-los, foi aproveitada por mim na tentativa de encontrar um norte para a definição da minha problemática de investigação. Entretanto, diante de tantas incertezas, carregava comigo uma convicção, a de que a problemática a ser escolhida deveria ser algo relacionado e decorrente dos processos de ensino e/ou aprendizagem em Física.

O tempo passava e várias eram as investidas na tentativa de decidir sobre qual problemática me debruçaria para efeito de investigação. Certo dia eu tive o prazer de conhecer uma pessoa, muito conceituada no meio acadêmico e, sobretudo na pesquisa em ensino de Física, a professora Ileana Greca, parceira do professor Moreira em várias produções acadêmicas. Na oportunidade, ela estava participando de um evento promovido pelo Programa de Pós-Graduação em Ensino, História e Filosofia da Ciência (UFBA/Uefs) no Instituto de Física da UFBA.

Num primeiro contato que tive com ela, numa quarta-feira (04/07/07), eu me apresentei e disse o que gostaria de conversar, ela me ouviu atentamente. Naqueles momentos de breve conversa, algumas sugestões surgiram, mas nada me despertava o interesse de forma concreta. Devido ao pouco tempo de conversa, ficamos certos de que conversaríamos mais um pouco em outro momento, aproveitando a sua estada no Brasil, especialmente em Salvador.

Alguns dias depois, em 09/07, após agendamento, voltamos a nos encontrar e conversar sobre o assunto, oportunidade em que ela sugeriu a leitura de um artigo "Integrando modelos mentales y esquemas de asimilación. Un referencial posible para la investigación en enseñanza de las ciencias?" (GRECA E MOREIRA, 2004). Após a leitura do artigo, algumas ideias começaram a surgir, sentia estar começando a encontrar alguns possíveis caminhos que poderiam me levar a decidir sobre a tal problemática da minha investigação.

Passados aproximadamente um mês desse encontro, eu iria participar de um evento em Portugal e com a intenção de também passar por Burgos, diante dessa possibilidade enviei, em 08/08/07, à professora Ileana o seguinte e-mail: *"Estivemos conversando no Instituto de Física da UFBA, quando da sua estada por aqui. Na oportunidade foi sugerido a leitura do artigo "Integrando modelos mentais e esquemas de assimilação...". Fiz a leitura, achei muito interessante e sinto que estou começando a encontrar um norte para o meu trabalho. No momento estou fazendo outras leituras com base nas "referências", sobre modelos mentais e campos conceituais, visando ampliar meus conhecimentos sobre esses conteúdos. Conforme havia falado contigo naquela época, o trabalho que submeti ao XII Enec, foi aceito e, portanto, deverei apresentá-lo e participar desse Encontro no período de 27 a 29/09 em Vila Real (Portugal). Aproveitando essa oportunidade, irei na semana anterior para Burgos, onde ficarei, provavelmente, até o dia 24/09. Espero até lá ter algo concreto sobre os conteúdos estudados para melhor conversarmos sobre os meus propósitos. Gostaria lembrar que você ficou de me enviar um artigo (não lembro o nome) e algo sobre estudo longitudinal, se possível estou aguardando. Quero agradecer muitíssimo pela sua atenção e colaboração".* Um abraço e muitas felicidades! Antonio Jorge S. dos Anjos (Aluno/Pidec).

Ela me respondeu: *"Prezado Antonio, parabens pela aceitaçao do artigo e disculpas por não ter te enviado os artigos que prometi, envio que faço agora. Se quiseres, podemos falar em algum momento quando passares por Burgos. Meus telefones são: 9474-xxxx e 6500-xxxx. Un forte abraço. Ileana".*

Conforme combinado, o nosso encontro deveria acontecer no dia 08/08/07 em Burgos. Assim sendo, estando na cidade de Burgos e chegado o dia e horário acertados, fui até a sua residência e ela ao me receber foi logo pedindo desculpas pois precisaria de levar sua filha ao médico, pois a mesma não havia passado bem a noite, ao tempo em que propunha conversarmos após a consulta. E assim ocorreu, terminada a consulta saímos conversando pelo caminho com uma breve parada em uma pracinha, nada de mais, apenas trocamos algumas ideias sobre a temática.

O tempo foi passando, leituras foram realizadas, e as ideias pareciam tomar corpo e forma, partilhei-as com a professora Concesa e, sentindo-me encorajado, resolvi apresentar essas ideias iniciais do trabalho com os participantes da "V Semana de Pesquisa" (dezembro de 2007) no Instituto de Física da UFRGS (IFUFRGS).

Essas ideias iniciais do trabalho foram apresentadas em um trabalho sob o título "A aprendizagem em Física sob o ponto de vista do significado atribuído pelos estudantes às equações matemáticas", oportunidade em que compartilhei com os pares o protótipo daquilo que pretendíamos desenvolver ao longo do doutorado.

Como forma de agradecimento e satisfação, resolvi enviar uma mensagem para a professora Ileana, na qual também compartilhava o andamento e evolução do trabalho:

Olá Ileana

Como estás? Espero que estejas bem e com muita saúde, juntamente a todos os familiares.

Na verdade, estou te escrevendo para compartilhar contigo algo sobre o meu trabalho que, com certeza, vc tem grande parcela de colaboração. Mesmo antes de começar a fazer o projeto (agora quase pronto) e, após contato com Concesa lá em P. Alegre, apresentei algumas ideias sobre o trabalho durante a "Semana de Pesquisa" em dezembro/2007. Foi muito interessante, pois recebi críticas, sugestões e até elogios. Muitos dos presentes comentaram sobre a possibilidade de eu realizar um bom e até mesmo um raro trabalho de pesquisa com a temática escolhida, fato que me deixou bastante entusiasmado e com disposição de seguir em frente. O título do trabalho por enquanto é o seguinte: "A aprendizagem em Física sob o ponto de vista do significado atribuído pelos estudantes às equações matemáticas". Primeiro devo fazer um estudo exploratório com as concepções e/ou representações de estudantes, professores e análise de livros didáticos (para "suficiência") e, posteriormente, continuo com uma proposta de intervenção didática (para a tese). Como referencial teórico, estou usando: Teoria dos Campos Conceituais, Modelos Mentais de Johnson-Laird, Proposta integradora de Greca e Moreira e a T.A.S. de Ausubel. Devo-lhe dizer que já revisei muitos artigos para efeito de revisão de literatura, porém um dos mais interessantes foi aquele B. Sherin (How Students Understand Physics Equations). No momento estou escrevendo esse capítulo (revisão de literatura) para concluir o projeto e começar a pesquisa, visando apresentar, possivelmente em setembro, a "Suficiência" aí em Burgos. Estou trabalhando para isso. No mais é agradecer mais uma vez pelo apoio, incentivo e colaboração.

Muito obrigado, Ileana.

Esse e-mail para a professora Ileana foi, praticamente, o nosso último contato, afinal eu tinha os meus orientadores de estudos (Moreira e Concesa) e não ficava bem, sob o ponto de vista ético, tanto para mim quanto para ela, continuarmos com esse procedimento, o que, aliás, constituía-se numa grande preocupação, sobretudo da parte dela, desde o primeiro contato. Como disse anteriormente, escrevi apenas para compartilhar e agradecer a sua colaboração.

Embora aparentemente o ano de 2007 não tenha sido coroado com grandes produções, ele se manifestou como sendo um ano de grandes avanços no que refere aos nossos estudos no programa, na medida em que fatos marcantes e importantes ocorreram, a exemplo da definição do nosso objeto de pesquisa, da minha participação na Semana de Pesquisa, da minha participação e apresentação de trabalho no Encontro Nacional de Ensino de Ciências (Enec) em Portugal, entre outros ocorridos não menos importantes, marcantes e decisivos para o nosso caminhar rumo ao trabalho de tese. Considero ter sido um ano de saldo bastante positivo.

CAMINHO V

A FASE EXPLORATÓRIA DA PESQUISA

É chegado o ano 2008, e com ele o propósito de envidar esforços no sentido de desenvolver o trabalho de pesquisa nessa fase com o compromisso de apresentá-lo para efeito de "Suficiência Investigadora" (qualificação aqui no Brasil). Essa é a fase da investigação a qual chamamos de pesquisa exploratória, etapa em que tratamos de obter uma espécie de conhecimento preliminar acerca da temática escolhida como objeto de estudo: os pressupostos teóricos envolvidos, a metodologia mais adequada, além dos problemas operacionais concernentes ao trabalho de campo propriamente dito. Diante dessa empreitada, marquei com Concesa para nos encontrarmos em Burgos e conversarmos sobre planos para o desenvolvimento deste trabalho.

Mais uma vez, ao viajar, resolvi escrever para a família e, dessa feita comecei o meu texto com a seguinte epígrafe:

MAIS UMA CARTA À FAMÍLIA

Pois é pessoal, esse homem, velho menino, mais uma vez se afasta de vocês, buscando perseguir esse seu projeto que também faz parte, como vocês, do seu projeto de vida. Vida que, esse ano, mostra-se para cada um de nós concretudes e perspectivas de muitas mudanças, conquistas e realizações. As aprovações de Myle (em grande estilo) nos concursos da Santa Casa de Misericórdia, no Incor e sua consequente ida para São Paulo, a sua formatura (Psicóloga, Hein!!!), emprego de Rai (segurança e tranquilidade para uma vida nova), defesa de dissertação de mestrado de Weber (creio que esse esforço vai valer a pena, quase – mestre Weber), o grande e esperado casamento do ano (a constituição de uma vida a dois de quem verdadeiramente se amam), a perspectiva de bons ventos para o Colégio Genesis (o debutante do ano), o carro novo de Dé e Rai... e essa minha ida mais uma vez para Espanha, buscando materializar meu projeto na medida em que ele se realiza.

Dessa vez, diferentemente de 2006, sigo menos ansioso, mais maduro e confiante. Sim confiante. Confiante daquilo que fiz, ou melhor, que fizemos, pois o que seria de mim sem a colaboração e ajuda de cada um de vocês. Por isso e outras tantas coisas sou muito grato a cada um e a todos, não só pelas contribuições, mas também, por entender, em muitos momentos, a minha ausência e aceitar as minhas limitações. Isso é parceria, fidelidade, cumplicidade, fidedignidade (alfa de Cronbach igual a 1)*.

É esse apoio de vocês que me encoraja e me dá forças para perseguir nesse caminho e atingir os objetivos traçados. Que essa possível minha "qualificação" seja também a qualificação de cada um de nós e de todos nós. Mais união, entendimento e felicidade. Sejamos parceiros, sempre que pudermos, uns dos outros, entendamo-nos mutuamente e saibamos aceitar "a dor e a alegria que cada um traz no coração".

Dessa vez não vou deixar recados individuais, vou deixar com vocês a certeza da minha felicidade em estar realizando mais uma etapa desse sonho tão sonhado e que vocês são também responsáveis por me fazer feliz e realizado. Se Kenya me completa, vocês completam-nos.

Um beijo no coração de cada um. Cuidem-se de si e do outro e deixem-se ser cuidados.

Amo vocês! Hasta luego!

Gracias por todo.

Ah! Sim, cuidarei de mim também, fiquem tranquilos.

Antonio Jorge

A TEMÁTICA DE INVESTIGAÇÃO

A minha temática para essa fase exploratória relacionava-se com "o papel da Matemática nos processos de ensino e de aprendizagem em Física". Nesse sentido, tratei, inicialmente, de realizar o levantamento de algumas obras (artigos, teses, dissertações...) que versavam sobre ela, buscando, dessa forma, conhecer melhor o campo de estudo que iria investigar. As leituras e reflexões dessas obras nos permitiram elaborar uma breve "revisão de literatura", ao tempo que me sentia cada vez mais conhecedores da nossa temática de pesquisa.

Outro ponto a ser destacado nessa etapa foi a escolha das fontes de "coleta de dados". Tratando-se dessa temática, inferi que os elementos envolvidos nos processos de ensino e aprendizagem, naturalmente, seriam os estudantes, os professores e materiais didáticos, assim tratei de investigar tais fontes tendo como pano de fundo a Matemática no ensino de Física.

Nesse sentido, foram aplicados questionários e realizadas entrevistas junto a 30 professores de Física e 67 estudantes de distintas escolas de Feira de Santana, além de analisar os conteúdos apresentados pelos livros didáticos de Física do Programa Nacional do Livro Didático (PNLD) para o ensino médio. O tratamento dos dados coletados e a análise dos seus resultados serviram de base substancial para a elaboração do trabalho nessa fase exploratória que mais tarde viria a ser apresentado para efeito de Qualificação (*Suficiência Investigadora ou Tesina*) em fevereiro de 2009, em Burgos.

Na verdade, eu havia planejado apresentar a *Suficiência Investigadora* em setembro de 2008, mas não foi possível, fiz de tudo. Assim mesmo, fui à Burgos conversar com Concessa, tirar algumas dúvidas e discutir planos para o futuro. Foi um encontro muito proveitoso, sobretudo para melhor entender como fazer o *cálculo de fidedignidade* dos instrumentos de pesquisa e para proceder *análise dos resultados*.

Em Burgos pude assistir a algumas apresentações de *Tesinas* (Suficiências Investigadoras), tais como as de Berenice, Tânia e Carlos (do Brasil), Fernando (da Colômbia), Rodrigo (da Espanha), além das defesas de teses de Sandro (do Brasil) e Ivan (do Chile).

Afora os estudos, as conversas e apresentações, nós tínhamos os nossos momentos de descontração e comes e bebes. Num desses dias, fui convidado por Concesa e Jesús para almoçarmos juntos, além da colega Tânia (Pará) e Consuelo (amiga de Concesa) que também se fizeram presentes. Esse convite para mim soou como uma espécie de retribuição dos professores Concesa e Jesús pelos momentos que estivemos juntos quando da vinda deles à Salvador (Bahia). Fato que me deixou profundamente agradecido. À noite, novamente fomos convidados (eu, Tania, Berenice, Fernando e Rodrigo) para jantarmos com os professores Marco e Concesa e a colega Evelyse (Rio de Janeiro), além de mais alguns professores componentes de uma das bancas de defesa de tese. Após o jantar, continuamos juntos (eu, Tânia, Fernando e Berenice) e fomos comemorar a Qualificação (*Tesina*) deles e, obviamente, pensando que o próximo seria eu. Foi muito bom, nos aproximamos mais.

Depois desses dias em Burgos, voltei ao Brasil com a certeza de que apresentaria o meu trabalho em Porto Alegre, na Semana de Pesquisa 2008, como forma de preparação para em fevereiro ou março defender a minha *Tesina* em Burgos, o que de fato aconteceu.

Pois é, depois de aprontar o trabalho e enviar à Concesa para impressão final, com a tradução da amiga e professora de espanhol, Karol (Karoline), confesso que senti um enorme orgulho ao ver em Burgos o "meu filho espanhol", como falou a Professora Ana Rita.

Cheguei em Burgos, propositadamente, na semana anterior a da apresentação, para conversar com Concesa. Conversamos inicialmente sobre a apresentação, depois sobre o artigo, fruto deste trabalho e finalmente sobre o projeto de tese. Sim, é isso mesmo, além da defesa do trabalho para efeito de qualificação, novos projetos começavam a surgir e, encaminhamentos e providências iam sendo tomados visando o tão esperado momento, a possível defesa da tese em 2010.

Retomando à minha permanência em Burgos, essa foi muito voltada para estudos, contatos e, sobretudo para a apresentação da Suficiência Investigadora (equivalente ao mestrado no Brasil).

Na apresentação me senti muito tranquilo e confiante naquilo que havia feito, o meu possível, para aquele momento. Fizeram parte da Banca os professores Marco Antonio Moreira (UFRGS/UBU) e Tania Campos de São Paulo. Após a apresentação, fomos almoçar juntos (eu, Rosendo e Sonia que também apresentaram seus trabalhos para efeito de Qualificação) com os professores Moreira, Mariluz e Concesa, a convite desta última.

À tarde, conversamos (eu e Concesa) com a professora Eliane Veit sobre o nosso trabalho e as preocupações futuras, como, por exemplo, a elaboração da Unidade Didática de Ensino (UDE) que deveria ser usada na pesquisa de campo. Pela noite, como já havia combinado com o colega Roberto (um grande amigo pernambucano que fiz no Pidec e que acabara de defender sua tese) fomos tomar uma cerveja para comemorarmos as nossas conquistas, a sua defesa de tese e a apresentação da minha *Tesina*.

Na verdade, tudo isso parecia uma caminhada que não tinha fim, enquanto comemorava mais esse tento, percebia que ainda tinha muito a percorrer até chegar "*la Tesis*". Mas, tinha que confiar que esse dia chegaria, com a Graça de Deus.

De regresso ao convívio dos meus familiares, amigos e entes queridos, sentia-me forte e confiante de que chegaria lá no topo. Comemoramos, portanto, mais essa vitória, mais essa conquista desse velho menino.

Dessa vez, meu retorno ao Brasil foi diferente, primeiro porque cheguei por São Paulo para encontrar Myle (Jamyle) e Kenya e segundo, por ser também um momento digno de ser registrado, pois Myle depois de concluir brilhantemente seu curso de Psicologia, iria residir em São Paulo devido aos seus estudos (residência) em Psicologia Hospitalar no Incor

(Hospital das Clínicas/USP) por um ano. É a vida daqueles que se dedicam e acreditam nos estudos.

Na verdade, 2009 foi um ano cheio de boas novidades, pois, além das já relatadas, tivemos, ainda, a defesa da dissertação de mestrado de Dé (Weber) e o tão esperado casamento de Dé e Rai (Raiana), além de tantas outras que, com certeza, ainda estariam por vir.

Voltando às questões de ordem acadêmicas, e particularmente sobre o nosso objeto de estudo, "o papel da Matemática nos processos de ensino e de aprendizagem em Física", tratei inicialmente de realizar o levantamento de algumas obras (artigos, teses e dissertações) que versavam sobre a temática buscando e, dessa forma, conhecer melhor o campo de estudo que iria investigar. As leituras e reflexões dessas obras me permitiram elaborar uma breve "revisão de literatura", ao tempo em que me sentia cada vez mais conhecedor do meu objeto de pesquisa.

Outro ponto a ser destacado nessa etapa foi a escolha das fontes de coleta de dados. Tratando-se de uma temática como essa, inferi que os elementos envolvidos nos processos de ensino e aprendizagem, naturalmente, seriam os estudantes, os professores e materiais didáticos, sendo assim, tratei de investigar tais fontes, tendo como pano de fundo a Matemática no ensino de Física.

Nesse sentido, foram aplicados questionários e realizadas entrevistas junto aos professores e estudantes de escolas distintas, além de analisar os conteúdos apresentados pelos livros didáticos de Física do Programa Nacional do Livro Didático (PNLD) para o Ensino Médio. O tratamento dos dados coletados e a análise dos seus resultados serviram de base substancial para a elaboração do trabalho nesta fase exploratória que mais tarde viria ser apresentado para efeito de Qualificação em fevereiro de 2009, em Burgos.

CAMINHO VI

O PROJETO DE TESE

Como é de costume, nos programas de mestrado e doutorado aqui no Brasil, via de regra, no ato da inscrição é solicitado um projeto de pesquisa. Diferentemente dessa prática, no Pidec o referido projeto nos era solicitado somente após termos concluído os cursos das disciplinas e realizado a defesa da *Suficiencia Investigadora* (Qualificação).

Confesso que em princípio teria achado esse procedimento muito estranho, mas refletindo sobre essa conduta, pude perceber e sentir na prática as suas vantagens e benefícios. Essa experiência deixou bastante evidenciada que elaborar um projeto de pesquisa nesse momento do curso nos deixaria muito seguros e traria muito mais vantagens, na medida em que faríamos o projeto de pesquisa com mais maturidade e conhecimento de ordem teórico-metodológica, além de fazermos escolhas mais conscientes acerca do objeto de investigação e dos elementos da pesquisa.

Após a qualificação (fevereiro/2009), voltei as minhas atenções para o tal projeto de pesquisa, ao tempo em que me preparava psicologicamente para retornar às minhas atividades na Uefs, uma vez que o meu tempo de afastamento estava prestes a se esgotar, voltaria no segundo semestre de 2010. Enquanto isso na tentativa de trocar algumas ideias e esclarecer alguns pontos nebulosos do projeto, tratei de marcar com Concesa mais uma ida à Burgos para conversarmos, discutirmos e decidirmos muitas coisas sobre o trabalho, além de acertar o passo sobre o projeto de tese e elaboração de possíveis artigos para revistas, periódicos e eventos.

Era março de 2010 e, mais uma vez, estava eu no aeroporto de Salvador para embarcar no voo da Air Europa, com destino à Madrid. Lá também se encontravam Kenya, Myle, Dinda, Weber e Rai, que ficaram comigo até a hora do embarque. Dessa vez, estava indo para Burgos, com uma enorme esperança de que avançaria, pois precisaria acelerar o passo rumo à defesa de tese. Muita coisa precisava ser feita, para tanto muito tempo e dedicação havia de ser desprendido. É que na verdade após a qualificação (fevereiro/2009), muito pouco foi feito em relação ao trabalho.

Entretanto, dias antes de viajar recebi um e-mail do Prof. Moreira com inúmeros comentários, críticas e sugestões sobre o projeto de tese, que me deixaram bastante preocupado e porque não dizer muito desapontado e para baixo, pois esperava que os comentários anteriores (feitos pelo próprio Moreira em 2009) tivessem sido os últimos e sobre os quais já havia feito as devidas correções. Mesmo com todo abalo, susto e preocupações, agradeci ao professor e enviei um e-mail para Concesa manifestando as minhas preocupações, que de pronto me tranquilizou dizendo que juntos, em Burgos, iríamos resolver essa situação e reformar o projeto.

Cheguei a Burgos no final da tarde de uma quarta-feira (10/03). Como sempre, aquela mista sensação de saudades do meu povo e o prazer de estar chegando naquela cidade que aprendi a gostar, devido ao seu jeito calmo, tranquilo e acolhedor, apesar do frio. Fui direto para onde eu ficaria esses 17 dias, a Residencia San Jeronimo, ou, como nós a chamávamos, "os padres", local no qual me hospedei em 2006, quando fui a Burgos pela primeira vez.

A sensação de estar ali me fazia lembrar os meus primeiros momentos do doutorado, dos colegas de turma, dos estudos à noite em grupo, dos padres estudantes de Teologia da Faculdade San Jeronimo, da "corrida do bife" (denominação da colega Adriana referente a disputa pela carne no refeitório quando a mesma era disponibilizada na hora das refeições), dos momentos de confraternização a noite na cafeteria, enfim de todos aqueles momentos que de alguma forma deixaram em mim marcas, naquele estranho e pacífico lugar. Ao chegar, fui direto para *"mi habitación"* (meu apartamento), ao tempo em que percebia que, aparentemente, nada havia mudado na estrutura daquele local, inclusive o seu característico cheiro. *"Habitación"* 237, este seria o local onde eu ficaria esses dias.

À noite fui para o jantar e lá no *"comedor"* (refeitório) percebi algumas mudanças no mobiliário e nos outros dias pude perceber que também, a comida havia melhorado, em qualidade e quantidade. Lembrei-me da colega Adriana (Adry), pois não havia mais a "corrida do bife", e pude também reconhecer e rever alguns padres daquela época, embora muitos já não estivessem mais por lá.

Dessa feita, conheci um senhor aposentado de nome Revi César que desde o primeiro dia me chamara muito atenção pelo seu jeito sempre cansado e lamuriento de ser, embora se mostrasse muito amigo e acolhedor. Conversávamos muito quando estávamos juntos nas refeições, ele sempre se mostrava muito conhecedor de história e conhecia muito do Brasil, muito embora nunca tivesse vindo aqui, parecia ser uma boa pessoa.

No dia seguinte a minha chegada, fui à Faculdade de Ciências e, lá me encontrei com Concesa, como sempre alegre e acolhedora. Após breves conversas, começamos a falar sobre o trabalho e traçarmos planos de atividades para esses dias. Numa demonstração de confiança, ela me deixara comigo as chaves das portas de entrada e da sala de seminários, onde havia um computador, impressora etc.

No plano de trabalho para esses dias em Burgos, constavam: a reforma do projeto de tese (considerando a séria e detalhada crítica do Prof. Moreira); a elaboração de um artigo para submeter ao III Encontro Nacional e o VI Encontro Internacional de Aprendizagem Significativa (julho/2010 - São Paulo); um artigo para publicação em revista; além, obviamente, de avançar em buscas e estudos visando dar prosseguimento ao trabalho de tese.

Durante esses dias de estada em Burgos, eu cumpria o ritual de ir para Faculdade durante o dia (sempre almoçando nos "padres") e ficava a noite na *"Residencia"* em *"mi habitación"*. Às vezes, quando voltava da Faculdade, passava num café para tomar um vinho ou cerveja antes do jantar. Num desses dias (logo no início), ao entrar no bar, reconheci um rapaz que um dia já havia me atendido, era o Francisco (Chico), um brasileiro do Ceará que havia nos servido (eu e Kenya) no jantar de gala do III Encuentro Iberoamericano en Enseñanza de las Ciencias – III Eibiec (Setembro de 2009) em Burgos. Fizemos amizade e me comprometi que da próxima vez que retornasse a Burgos, traria para ele um pedaço de carne de sertão, também conhecida como jabá.

Como sempre, atento a programação cultural da cidade (por meio de jornais e informativos), tive a oportunidade de, no sábado (13/03), assistir a um espetáculo muito bonito, no Teatro Municipal, *"Fiebre de sábado a la noche"* (*Embalos de sábado à noite*), um musical de rara beleza com produção dos mesmos produtores de Chicago e Mama Mia.

No decorrer da segunda semana, mantive o ritmo de cumprir o que havíamos planejado e, no final dessa semana, resolvi fazer uma excursão, aproveitando que sexta-feira era feriado (São José) e fui conhecer um pouco mais da Espanha, mais precisamente a região da Galícia, parte de *"Rias Bajas"* (Santiago de Compostela, Isla de Toja, El Grove, Puentevedra, Sansenxo,...). Detalhes dessa excursão em ATALHO 5.

A terceira semana começou e eu já um pouco saturado da rotina ou quem sabe da solidão e saudades dos amigos e familiares, embora falasse com Kenya, Weber e Jamyle quase todos os dias via Skype, mas, mesmo assim, procurei manter o ritmo, lendo, pesquisando artigos na internet, escrevendo e discutindo com Concesa sobre o que havia produzido e o que tinha para fazer.

Na quinta-feira (25/03), a convite de Concesa, fomos almoçar em companhia de mais dois amigos dela (Fernando e Mariangeles), muito simpáticos e acolhedores. Fomos a um *"Pueblo"* (povoado) perto de Burgos, num *"Asador"* (restaurante especializado em assados) degustamos um delicioso *"lethazco"* (cordeiro novo), acompanhado de um bom vinho. Foram momentos marcantes de alegria, amizade e grande descontração.

Numa breve avaliação sobre mais essa estada em Burgos, posso afirmar que foi bastante proveitosa e produtiva, na medida em que encontros com Concesa foram bastante significativos, bem como os estudos e produções realizados possibilitaram atingir os objetivos pensados para esses dias. Retornei ao Brasil com um projeto de pesquisa reestruturado e mais bem delineado com base nas considerações críticas do Prof. Moreira, além de perceber avanços com os estudos desenvolvidos.

Confesso que 2009 foi um ano de baixa produção acadêmica, no que tange à continuidade do trabalho de pesquisa, talvez para tentar compensar o ritmo intenso e acelerado dos anos anteriores, com disciplinas cursadas, elaboração de monografias, investigação para a qualificação, entre outros, que fizeram com que os meus outros afazeres profissionais não se constituíssem prioridades. Portanto, 2009 foi o ano da compensação para colocar em dias muito daquilo que ficara para trás nos anos anteriores em detrimento aos estudos.

Entretanto, mesmo imprimindo um ritmo mais lento relativo às atividades do programa, não deixei de participar de eventos que, direta ou indiretamente, tiveram alguma relação com o meu fazer acadêmico. Ao longo desse ano, participei do *III Encuentro Iberoamericano sobre Investigación en Enseñanza de las Ciencias (III Eibiec)*, promovido pelo Pidec em setembro, na Universidade de Burgos, Espanha. Nele, apresentei um misto de pôster/comunicação oral do trabalho defendido na Suficiência de Investigação "A aprendizagem em Física sob o ponto de vista do significado atribuído pelos estudantes às equações matemáticas". Além de me fazer presente nas outras atividades do encontro, participei, também, do minicurso ministrado pelo professor Gerard Vergnaud, *"La Teoria de los Campos Conceptuales como referente para la Investigación en Enseñanza de las Ciencias. Ejemplos de campos conceptuales"*. Além da minha participação efetiva, o evento me proporcionou oportunidades de contatos com colegas, professores do programa e convidados, que foram de grande valia para a continuidade do meu trabalho.

Após o III Eibiec, outra grande oportunidade estava reservada na cidade de Castelo Branco, em Portugal. Lá, também no mês de setembro, aconteceu o XIII Encontro Nacional de Educação em Ciências (XIII Enec), evento no qual apresentei duas comunicações orais: "A aprendizagem em Física sob o ponto de vista do significado atribuído pelos estudantes às equações matemáticas" (a mesma apresentada no Eibiec) e "Nas Ondas da Comunicação: um estudo sobre a evolução sócio-histórica e tecno-científica dos aparatos usados nas telecomunicações". Essa última reportou-se ao relato de uma experiência didático-pedagógica desenvolvida junto a uma classe de estudantes do 3º ano do ensino médio do Colégio Gênesis, na cidade de Feira de Santana, Bahia, Brasil. Assim como em outros eventos, o III Enec também me proporcionou conhecer pessoas, estabelecer novos contatos e trocar experiências, enfim, conhecer e aprender cada vez mais.

CAMINHO VII

A PESQUISA DE CAMPO

Certamente esse foi um árduo caminho percorrido, uma verdadeira maratona com diversos e distintos obstáculos enfrentados, muitos desses decorrentes da própria complexidade da investigação, outros, eu reconheço, por conta das minhas próprias limitações e, também, possivelmente, relacionados com a distância me separava dos meus orientadores.

Considerando relativamente grande a quantidade de informações neste tópico, achamos melhor e mais conveniente optar por dividir este capítulo (Caminho VI) em tópicos por ano, a partir de 2010, ano em que efetivamente se deu o início da pesquisa de campo.

O PROJETO DE TESE E O INÍCIO DOS TRABALHOS DE CAMPO

Retomando, com mais determinação, as atividades do doutorado, comecei o ano de 2010, com o firme propósito de concluir o projeto de tese que já havia sido ensaiado no ano anterior. Procurei dedicar-me mais para que tal tarefa fosse concretizada. Em paralelo, tratei de atuar em outros setores visando à pesquisa de campo, tais como a escolha e elaboração dos instrumentos e expedientes de coleta de dados, especialmente a Unidade Didática de Ensino (UDE), uma vez que o trabalho de campo consistia de intervenções didáticas.

Tendo praticamente delineado a UDE, comecei, em caráter experimental, a pesquisa de campo e, para tanto, necessário se fez escolher uma instituição de ensino e uma classe de estudantes, considerando-se alguns requisitos, como autorização da direção da instituição de ensino, o aceite do professor, a aquiescência dos estudantes com autorização dos seus pais. Atendidos esses critérios, deu-se início ao processo de implementação da UDE com o seu conjunto de Intervenções Didáticas (ID) e atividades a serem desenvolvidas.

A instituição escolhida para a realização desse estudo foi o Colégio Estadual Imaculada Conceição (no estudo, denominada de Escola A), na qual se realizou o Estudo Piloto (Estudo I). O Estudo teve como finalidade implementar experimentalmente a UDE, com o objetivo precípuo de avaliar o seu desempenho e tratar de validar os instrumentos utilizados para fins de coleta de dados. Conforme programado, o Estudo foi desenvolvido entre os meses de setembro e novembro deste ano, período equivalente a um ciclo letivo (aproximadamente 50 dias úteis).

Paralelamente a essas demandas oficiais do Programa, houve, também, a participação em eventos com a apresentação de trabalhos. Em julho, por exemplo, fiz a apresentação em pôster de um trabalho, "As Equações Matemáticas no Ensino e Aprendizagem da Física: o ponto de vista de professores e estudantes" em um evento conjunto que acontecera na cidade de São Paulo, Brasil, o VI Encontro Internacional de Aprendizagem Significativa (VI Eias) e o 3º Encontro Nacional de Aprendizagem Significativa (3º Enas). Mais detalhes na sessão, ATALHO 2.

Ao final do ano, em novembro, mais uma vez marquei presença na Semana de Pesquisa na UFRGS e, dessafeita, a minha apresentação foi a seguinte: "O papel das equações matemáticas, aprendidas de maneira significativa, nos processos de ensino e aprendizagem em Física: o caso da quantidade de movimento e sua conservação (Unidade Didática de Ensino)". Embora houvesse outros elementos que também poderiam ser apresentados, optei, juntamente à Prof.ª Concesa, pela Unidade Didática de Ensino (UDE) por ser este um importante expediente para coleta de dados e, por conseguinte, a sua exposição num evento de tal natureza favoreceria a possibilidade de comentários críticos que certamente poderiam contribuir para sua melhoria.

Findado o ano, não só o projeto de tese estava praticamente pronto, como também, muitos outros elementos a serem utilizados no trabalho de campo, a exemplo dos instrumentos de coleta de dados e das intervenções didáticas que estavam bem delineados, aguardando o início do próximo ano letivo nas escolas e, consequentemente, a continuação dos trabalhos de campo.

O trabalho de campo propriamente dito consistia ministrar aulas, com base na UDE, em classes regulares de escolas de ensino médio durante uma unidade letiva. Na sua totalidade, o trabalho foi realizado em classes de 1º ou 2º ano de quatro escolas (três públicas e uma particular), gerando, por conseguinte, cinco estudos (em dessas escolas houve intervenção em duas turmas) que comporiam o escopo do trabalho de tese.

Além do Colégio Estadual Imaculada Conceição (bairro da Conceição), onde foi realizado o Estudo I (Estudo piloto), contamos também das seguintes escolas: Colégio Estadual Hilda Carneiro (bairro Feira V); Colégio Estadual Jair Santos Silva (bairro Feira IX) e uma escola particular, o Colégio Gênesis (bairro Ponto Central). À essas instituições educacionais, eu não poderia deixar de registrar aqui o meu sincero apreço e o meu profundo agradecimento aos seus diretores, coordenadores e, particularmente aos colegas professores de Física, por terem permitido e viabilizado a realização dessa tão importante etapa do trabalho de investigação.

Obviamente que não pretendo e, tampouco cabe aqui nesses relatos, entrar em mais detalhes sobre trabalho do ponto de vista acadêmico. O que aqui nos proponho é partilhar com você, amigo leitor, os caminhos e atalhos percorridos ao longo dessa minha longa jornada.

Como já foi dito, ao longo de todo esse percurso de doutoramento uma das grandes dificuldades enfrentadas foi a questão da orientação de estudos a cargo dos professores Concesa Caballero (orientadora) e Marco Antonio Moreira (coorientador).

A professora Concesa, da Universidade de Burgos, Espanha, sempre se mostrou acolhedora, solícita e disponível, entretanto pela distância que nos separava o nosso contato mais viável sempre foi via e-mail. Caso necessitasse de um contato mais próximo teria, obviamente, que viajar até Burgos, o que, na medida do possível tratei de fazer com certa frequência. Por sua vez, o professor Moreira (UFRGS), também muito solícito e receptivo, porém duro nas críticas e considerações, embora estando no mesmo país, o contato com ele, ainda que por e-mail sempre era mais difícil por ser um profissional muito demandado, fato que eu entendia perfeitamente, mas não poderia deixar de aqui registrar a falta que isso me fazia. Muito embora com retornos e atendimentos menos frequentes, quando estes aconteciam se constituíam em grandes e decisivas contribuições.

Diante dessas dificuldades relativas ao processo de orientação, a alternativa era buscar oportunidades de encontros pessoais com os meus orientadores, tais como intensificar as minhas idas a cidade de Burgos na Espanha, participar das "Semanas de Pesquisa" no Instituto de Física da UFGRS e dos Encontros (nacionais e internacionais) sobre Aprendizagem Significativa, além de idas a Porto Alegre previamente agendada com o professor Moreira, entre outras estratégias.

A PESQUISA DE CAMPO: ENCONTROS E DESENCONTROS

Começa 2011 e, com ele, os contatos com as escolas onde ocorreriam os demais Estudos. Avaliou-se o trabalho desenvolvido no Estudo Piloto (Estudo I) e concluiu-se que algumas alterações de cunho didático-pedagógico deveriam ser feitas na proposta inicial da UDE, tendo em vista proporcionar melhorias tanto no processo instrucional quanto na investigação, no que se refere aos registros e observações.

Processadas as devidas revisões na proposta inicial da UDE, deu-se sequência aos trabalhos com a realização dos Estudos II e III. Para tanto, foram escolhidas as seguintes instituições: uma instituição particular, o Colégio Gênesis (Escola B), e outra pública, o Colégio Estadual Jair Santos Silva (Escola C), situadas na cidade de Feira de Santana, Bahia, Brasil. Em ambas as escolas o trabalho foi desenvolvido em classes de estudantes do segundo ano do ensino médio (EM), entre os meses de abril e junho. De forma atípica, no Colégio Gênesis, a classe foi constituída por um grupo voluntário de estudantes que se dispusera a participar das aulas no turno oposto ao das suas atividades normais da escola.

Paralelamente aos trabalhos de campo, os outros componentes do trabalho de tese (Marcos Teórico e Metodológico, Revisão de Literatura, Problemas e Objetivos e outros), já vinham sendo delineados e, à medida que os estudos se concluíam, os dados obtidos iam sendo devidamente tratados e analisados.

Os Estudos IV e V foram realizados no Colégio Estadual Hilda Carneiro, também na cidade de Feira de Santana, no período de setembro a dezembro, completaram o conjunto de trabalhos programados para realização da investigação. Esses Estudos, embora desenvolvidos numa mesma escola, ocorreram em duas classes distintas de 1º ano do ensino médio.

Em meio a tudo isso, vale salientar que, no início do segundo semestre desse ano, deu-se o meu retorno ao trabalho na Universidade Estadual de Feira de Santana (Uefs), fato que por certo seria (e foi) um elemento complicador no aspecto tempo para o desenvolvimento das atividades de pesquisa.

Quanto a eventos nesse ano, tive as seguintes participações: XIII Encontro de Pesquisa em Ensino de Física, promovido pela SBF em Junho, na cidade de Foz do Iguaçu, Brasil, com uma comunicação em pôster; XIV Semana de Física da Uefs, em novembro, na cidade de Feira de Santana, Brasil; IX Semana de Pesquisa, novembro na UFRGS, Porto Alegre, Brasil.

A nossa participação nesses eventos, encontra-se mais bem detalhada nos "ATALHOS" desta obra.

Em busca de orientações, ainda no primeiro semestre desse ano, mais precisamente mês de maio, tratei de agendar os meus encontros. Uma das minhas viagens a Burgos passo agora a relatar tendo como base um dos meus "registros de bordo" (escritos produzidos durante os voos). Este que segue, refere-se a uma viagem realizada em maio de 2011.

Cheguei a Burgos no dia 03, voando TAP pela primeira vez, à noite (22h) e fui direto para o hotel Abadia. Resolvi ficar neste hotel por estar mais perto da Faculdade, pois nesse período estar na *"Residencia Camino de Santiago"* nem pensar, pois era período letivo da universidade, estava repleta de estudantes e havia muito barulho. A hospedagem nos "padres" ficaria muito longe da faculdade.

Mais uma vez, o motivo da viagem era o de sempre, encontrar com Concesa para discutir e trocar ideias sobre o trabalho. Logo no dia seguinte, 04/05 (quarta), pela manhã, estive no *despacho* (escritório/gabinete) de Concesa. Nesse nosso primeiro encontro, conversamos, incialmente, sobre nós, sobre a viagem, família e etc. Em seguida começamos falar sobre o trabalho.

Naquele momento, o trabalho encontrava-se na fase de análise de dados. Os dados relativos ao primeiro estudo (estudo piloto) já tinham sido obtidos e era preciso analisá-los e avaliá-los tendo em vista a necessidade de possíveis reformulações e adequações dos instrumentos e estratégias de coleta de dados, visando os próximos estudos.

Entretanto, um problema se instalou: os dados (exceto os do pós-teste da turma do Colégio Jair Santos) haviam ficado em Feira de Santana, o que eu tinha em mãos eram as minhas observações e algumas transcrições das atividades dos alunos. A solução seria pedir ao pessoal em Feira para mandar e assim o fiz. Entrei em contato com Kenya, que prontamente me atendeu me enviando as cópias "scaneadas" por e-mail.

Com alguns desses dados em mãos, comecei a trabalhar, porém no período inicial foi calculando o coeficiente de fidedignidade do pós-teste. O trabalho de análise necessitaria, inicialmente, que se fizesse inicialmente o trabalho de categorização dos dados brutos, para depois proceder a análise. Que trabalhão!!!

Diante disso, fiquei a pensar: vir a Burgos, tão longe, para ficar fazendo tabelas e calculando coeficientes, fui tomado pelo sentimento de que estaria perdendo tempo e subutilizando Concesa, no que se refere à orientação.

Mas aos poucos e com as nossas conversas fui me conscientizando que esse trabalho era preciso e sem fazê-lo não iria adiante. Ou seja, precisava conhecer os resultados com esses dados coletados para saber o que precisaria fazer doravante.

Mas a finalidade maior desses registros feitos durante a viagem não foi apenas para falar do trabalho em si, mas também falar sobre detalhes das coisas que ocorreram durante esse período que passei em Burgos.

Assim sendo, vamos a essa parte dizendo que, com essa viagem, mais uma vez deixo a minha turma, deixo o convívio com o meu pessoal, para cumprir mais uma etapa rumo à tão sonhada tese. Dessa vez o período de estadia foi o menor de todos, 12 dias. Como já foi dito, fiquei hospedado no Hotel Abadia, na avenida (que nesse trecho se confunde com o Caminho de Santiago) que passa por dentro do campus universitário. Gostei do hotel, apenas a mesa para estudar é que era muito pequena. Como a hospedagem era sem *"desayuno"* (café da manhã), eu tomava o café às vezes no próprio hotel (pagando a parte) ou numa cafeteria bem perto, a *"Botique de pan"*. Normalmente dormia tarde entre 2h e 3h da madrugada e aproveitava para falar com Kenya, Myle e às vezes com Dé, no Brasil. Usava sempre o Skype ou o Gmail (descobri, por meio de Myle que o Gmail também tinha essa função). Nos dias de segunda a sexta, sempre por volta das 10h da manhã ia para Faculdade sempre contemplando o percurso que fazia e vendo alguns peregrinos que estavam a fazer o "Caminho de Santiago".

Os almoços ocorriam em algum dos restaurantes das faculdades (Engenharia, Direito,...), na *"Residencia"* (um dia). Algumas vezes almocei com Concesa, entre elas um almoço especial num restaurante que já havíamos almoçado quando da apresentação da Suficiência (eu, Concesa, Marco, Sonia e Rosendo). Detalhe: Concesa não me deixou pagar ou dividir a conta.

Pela noite, na maioria das vezes *"cenava"* (jantava) ou petiscava numa lanchonete nova *(La Sorbona)* que conheci quando cheguei, algumas vezes comia a deliciosa salada mista do restaurante *"Los Trillos"* onde no domingo (08/05) me deliciei com *"esquisitas e muy ricas chuletillas de lethasco"*. Ah! Um outro almoço interessante foi no sábado (14/05) na *"Casa Ojeda"* no centro da cidade, onde saboreei um *"cordero a la brasa"* muito gostoso, como costumo dizer, "coisa de cinema".

Dessa vez não tive muito tempo pra bater perna. Um dia fui ao centro comercial Al Campo, rapidinho, para ver o preço de um aparelho eletrônico; outro dia fui a um restaurante no centro da cidade para ver se encontrava com Francisco (o garçom brasileiro do Ceará que eu havia conhecido) e entregar a carne de sertão que eu lhe havia prometido.

Enquanto eu estava em Burgos, no domingo 08 de maio celebrava-se no Brasil o dia das mães e, pela primeira vez, não pude está junto a minha família, junto à mãe dos meus filhos. Entretanto me fiz presente por meio de algumas palavras enviadas por e-mail:

Burgos, 8 de maio de 2011

Oi, menina. Olá, meu bem. Hola, madre.

Um dia das Mães. Um dia diferente para nós. Pela primeira vez passamos "separados" este dia, mas apenas fisicamente, pois de coração estamos e estaremos sempre unidos. Com certeza nossos "parrecudos" estarão fazendo direitinho o papel que lhes cabem e mais alguma coisa.

Daqui, sintonizado com este dia e contigo, só me resta agradecer por você fazer parte da minha vida e pedir a DEUS, sobretudo neste dia, que derrame sobre ti bênçãos sobre bênçãos e ilumine os teus caminhos.

Quero te dizer também que:

"O homem quando vem ao mundo, ele vem predestinado a amar duas mães aquela que lhe deu vida, e que lhe deu outras vidas, a mãe dos seus filhos."

Você, minha querida esposa, tem sido tudo o que um homem pode esperar de uma mulher. A esposa dedicada, carinhosa, compreensiva companheira e amorosa, e a mãe tão segura de si, que sabe dar um misto de amor e disciplina na medida certa.

Nós somos realmente uma família muito feliz, e isso devemos em parte a você, meu amor. E somos muito gratos, e pedimos a Deus que te faça muito feliz, porque nós também o faremos.

Feliz dia das Mães! Sejas feliz hoje e sempre, mamãe!

TE AMO

BEIJOS DO SEU ETERNO NAMORADO

Jorge

Na sexta (13), fui ao teatro e sábado foi o dia que mais andei, fui mais uma vez andando até o centro da cidade e de ônibus ao "Hipercor" (um grande hipermercado) e na "Declathon" (loja de artigos esportivos), vizinha ao mercado.

Embora não pareça, minha ida a Burgos foi bastante proveitosa. As conversas com Concesa (como sempre muito solícita, preocupada e atenciosa) foram muito boas e esclarecedoras. Alguns nortes foram encontrados, dúvidas esclarecidas e muito trabalho braçal (pouco intelectual), talvez isso tenha esboçado a ideia de que não foi tão proveitoso. Como dizia Concesa, essa fase da "análise dos dados" é muito trabalhosa e densa. O fato é que elaborei muitas tabelas, fazendo tabelas no computador (quem diria) e outras coisas mais.

Vale aqui, mais uma vez registrar um grande destaque, a assistência de Kenya no que se refere ao envio dos dados que ficaram em Feira, e também da colaboração de Dé e Rai.

Algumas coisas no campo do lazer e da diversão (ninguém é de ferro) foram idealizadas, mas que não foram implementadas. Inicialmente pensei em fazer um passeio a uma zona produtora de vinho, mas não foi possível, pois ninguém que eu perguntava conhecia ou sabia como chegar à essa região. Outra coisa foi a visita à fábrica de cerveja Mahou/São Miguel, sobre pensei em reservar para sexta, mas era o dia da Defesa de uma aluna do Pidec, Adriana Toigo (não a conhecia) e Concesa me recomendou que eu a assistisse, inclusive fui solicitado a fotografar.

Concesa me falou também de uma vinícola, ou melhor, um museu do vinho (Dinastia Vivanco), fiquei todo animado para ir no sábado (14), mas verifiquei na estação rodoviária que os horários de ônibus eram incompatíveis. Próxima vez fiquei de visitar, fica num *"Pueblo"* chamado Briones, perto de Logroño, região de La Rioja. Ah! No domingo (8) andei cerca de 2 km pelo Caminho de Santiago. Fiz algumas fotos e voltei.

De volta ao Brasil, embarquei no voo 715 da TAP (Madrid/Lisboa) e TP 157 (Lisboa/Salvador) com chegada prevista para 21h00min. Era o momento de matar a saudade do meu pessoal, que mais uma vez ficou na retaguarda e privados do meu convívio. Pelo menos, ultimamente, com mais domínio do computador e da internet, pudemos nos falar a qualquer momento e muitas vezes com imagens de ambas as partes. Isso foi muito bom, poder ver e ser visto, além de saber das notícias (pelo menos as que me contavam). Voltei na certeza que agora, mais norteado, continuaria o trabalho, centrando fogo na análise dos resultados e buscando entrar na reta final da elaboração da tese, embora consciente do longo e árduo caminho a ser trilhado.

Tendo analisado os resultados referentes ao Estudo I (Estudo piloto) e feito as devidas adequações visando a implementação dos futuros estudos (total de cinco), comecei a fazer contatos buscando novas escolas e classes para a realização dos próximos estudos, tarefa não muito fácil, uma vez que dependia permissões e aceitações. Permissão da escola e dos professores regentes (quando havia) e aceitação dos estudantes da turma escolhida, após a apresentação do projeto de trabalho que se pretendia desenvolver junto a eles.

O ENCERRAMENTO DAS ATIVIDADES DE CAMPO

O ano de 2012 foi marcado pelo encerramento das atividades de campo e pela expectativa de ver realizado o sonho da conclusão do trabalho de tese. Muito material coletado, muitos resultados para serem processados, muita análise a ser desenvolvida, estudos para serem integrados, tudo isso visando à conclusão do texto da tese. Diante de tanto trabalho e expectativas, senti que apenas as trocas de mensagens por e-mail com a Prof.ª Concesa não eram suficientes para trilhar esse caminho com a devida segurança e, assim sendo, providenciei marcar mais um encontro, com a professora Concesa em janeiro desse ano na cidade de Burgos.

Sendo assim, mais uma vez volto à Espanha. Depois de acertar com Concesa me programei para passar um período (10 a 26/01) no mês de janeiro em Burgos, aproveitando o recesso da Uefs.

Parti de Salvador no dia 10/01 (terça), porque não dizer na madrugada do dia 11 (quarta), devido ao atraso do voo. Antes, porém algo precisa ser registrado: os nossos (meu e de Kenya) 30 anos de casados que comemoramos num hotel (Hotel Pestana Bahia Lodge) em Salvador, ficando lá de segunda para terça. Curtimos bastante, foi muito bom, foi marcante.

Continuando, cheguei em Madrid (voo direto) por volta das 10 horas de manhã da quarta. No aeroporto em Madrid, um probleminha, fiquei retido na polícia por cerca de quase uma hora, devido à falta de algumas provas do que iria fazer na Espanha. Ou seja, devido à frequência com que viajava para Espanha, relaxei e não me preocupei em portar alguns documentos e comprovantes essenciais para uma viagem internacional (carteira de estudante da UBU, reserva de Hotel, comprovação do voo de volta, carta convite da Profa. Concesa...), descuido total. Fiquei aguardando, juntamente às outras pessoas, para uma entrevista e, enquanto isso, consegui resgatar algumas informações. Após a entrevista fui liberado e imediatamente me desloquei para a *"Terminal de autobuses"*. Consegui chegar em Burgos por volta das 18 horas local, indo direto para o hotel (Hotel Abadia Camino de Santiago). Percebendo que daria tempo, fui até a Faculdade e ainda consegui encontrar-me com Concesa e logo agendamos o dia seguinte para conversarmos sobre o trabalho de tese.

Embora nesse encontro nós (eu e Prof.ª Concesa) tivéssemos conversado também sobre outros tópicos do trabalho, o foco do encontro foi a "análise e resultados" do Estudo II, pois, acertando o passo nesse Estudo, os demais, no meu entendimento, estariam devidamente encaminhados, uma vez que a diferença entre os estudos residia na especificidade dos dados coletados em cada um deles. Ao final do encontro, tive a sensação de que pouco fizera, pouco avançara.

Tomado por esse sentimento, a Prof.ª Concesa tentava confortar-me: "Veja como estava o seu trabalho quando você chegou e olhe agora. Um trabalho de tese é assim mesmo, cheio de idas e vindas, avanços e retrocessos. Ânimo, Antonio! Uma tese é um trabalho de formiga, é preciso paciência". Aliás, mais do que a competência de professora e orientadora, Concesa sempre me acolheu em Burgos, com muita atenção, dedicação e zelo. Portanto, mesmo sentindo-me um pouco confortado ao ouvir aquelas palavras, minha indignação continuava, tinha a impressão de que eu não chegaria ao fim.

Ao ouvir essas coisas ditas por Concesa, passei a me considerar como tal, uma formiga. E, como Weber e Myle me chamam de Negão, me senti um Formigão e, assim, passei a me autodenominar de Formigão nas assinaturas das mensagens via e-mail para a família.

Eles, os familiares, acharam interessante o meu novo pseudônimo e, na verdade era o que eu pretendia ser daquele momento em diante, uma grande formiga e, como ela, pudesse (com ajuda de Deus) carregar esse fardo que por vezes sentia mais pesado que eu próprio mas, como ocorre com a formiga, haveria de carregá-lo, ou melhor, de carregar e levar ao seu devido destino, com o apoio e a compreensão de todos, sobretudo da formiga rainha (Kenya), da formiguinha princesa (Jamyle) que logo logo estaria indo para o "seu buraco", do príncipe formiga (Weber) que também de lá do seu buraco torcia também por esse momento e das demais formigas desse grande formigueiro que me cerca, que me acompanha, que me anima com o seu apoio e palavras de carinho e encorajamento.

A Concesa, como sempre, muito prestativa, atenciosa, sempre me orientando e sugerindo caminhos a seguir. Uma amiga, uma mãe, até porque também se preocupava com o meu bem estar, com a minha distância de casa e da família, sempre perguntando por Kenya, pelos filhos, pelo colégio.

Detalhando mais um pouco esse encontro com Concesa, o mesmo ocorreu entre 10 e 26 de janeiro de 2012, em Burgos, aproveitando o recesso da Uefs, uma vez que eu já havia retornado do período de afastamento.

Como se observa, continuava na fase de "análise de dados", como sempre, para mim uma etapa muito difícil e complicada. Justo por esse motivo fui a Burgos para, com a orientação de Concesa, tentar avançar. Após o primeiro encontro já comecei a reelaborar o trabalho e assim foram esses dias: encontros, conversas, leituras, escritas e reescritas. Busquei otimizar o tempo, sempre entrando pelas madrugadas e utilizando os finais de semana. Basicamente, meu trajeto era Hotel – Faculdade – Hotel.

E, por falar em Hotel, inicialmente me assustei com a minha *"habitación"* (512), que na verdade ficava em cima do quinto andar, espécie de um sótão. O elevador ia até o quinto 5º andar e, a partir daí, havia uma escada que dava acesso até o piso onde ficava o apartamento 512. Era um quarto na cobertura e o seu teto acompanhava a inclinação do telhado, de forma que de um lado a altura era de aproximadamente 2,5m e do outro 1,5m. Em princípio, achei estranho (pensei e até propus mudar), mas depois me acostumei e assumi, pois era bem mais amplo comparado com os outros. Fiz da *habitacíon 512* a minha casa durante esses dias, principalmente após ter conseguido outra mesa para estudar. Foi tão bom que até falei com o pessoal que na próxima vez gostaria de ficar nele novamente.

Retornando ao trabalho, confesso que por muitas vezes me sentia impotente e incapaz. Quantas e quantas vezes eu me pegava pensando se o que busquei fazer (o doutorado em Burgos) estava acima da minha capacidade e do tempo que dispunha. Será que um dia terminaria? Quando esse trabalho estaria pronto? Chegaria esse dia? Quando teria o prazer de ver minha família e amigos assistirem a minha defesa? Esses e outros questionamentos perpassaram a minha mente e, enquanto isso o tempo passava, os anos fluíam. Afinal, comecei em 2006 e hoje me sinto "cobrado" diretamente, sobretudo por mim, e indiretamente por muitos sobre a conclusão desse curso. Era grande a expectativa em torno desse doutorado, muitas coisas foram deixadas para depois e outras mesmo fazendo, muitas vezes as fazia para cumprir um ritual, um compromisso, uma obrigação.

Sentia falta de dar mais assistência a minha família, dedicar mais atenção a minha esposa Kenya (a minha parceira que muita coisa fazia só), a minha filha Jamyle (em pleno preparativo para o seu casamento), a Weber (passando por um novo momento de vida com a implantação da sua empresa, a AptHouse). Enfim, era enorme a vontade de concluir esse doutorado, mas, às vezes, percebia que faltava muito, parecia não ter fim. Sentia que precisava de dedicação exclusiva, mas por outro lado sabia que isso não era possível, tendo em vista as atividades desenvolvidas no Colégio Gênesis, na Uefs, na família, e outros compromissos.

Embora ainda muito frustrado com a minha baixa produção, mas revestindo-me de um "Formigão", voltei ao Brasil com a firme ideia de intensificar as investidas para tentar concluir o Estudo II e voltar a Burgos para mais um encontro com Concesa, ainda naquele ano. Assim o fiz, e, em março desse mesmo ano lá estava eu novamente em Burgos, convicto de que, dessa feita, concluiria o referido Estudo.

Minha convicção se confirmou, senti dessa feita que houve um grande avanço, ocorreu um salto qualitativo. Não só avancei qualitativamente rumo à conclusão do Estudo II (Escola B/Colégio Gênesis), como também tive a oportunidade de trocar ideias sobre outros itens como "Revisão de Literatura" e "Marco Metodológico", entre outros. Retornei animado, confiante e certo de que avançaria nos estudos seguintes para poder proceder à integração destes buscando encontrar regularidades que pudessem contribuir para responder ao problema de pesquisa e, assim, concluir o trabalho. Na certeza de que, com o Estudo II, havia encontrado o caminho da "análise e resultados" para os demais estudos, sequenciei os trabalhos com o Estudo III.

Durante minha última estada em Burgos, em uma das nossas conversas ficou acertado com a Prof.ª Concesa, mais um possível encontro caso ela fosse participar do 4º Enas, que seria realizado no mês de maio na cidade de Garanhuns, estado de Pernambuco, Brasil. De fato, esse encontro aconteceu e, mesmo não estando inscrito no evento, participei por dois dias, o suficiente para conversarmos sobre o trabalho como um todo, especialmente sobre o Estudo III, em processo de análise. Nessa oportunidade, também troquei algumas palavras com o Prof. Moreira e participei de alguns momentos do evento.

Como já havia falado antes, devido ao meu retorno aos trabalhos na universidade (Uefs), o tempo que dispunha para a realização do trabalho de Tese ficou bastante sacrificado. Sendo assim, e percebendo a extensão do trabalho, aliado a um sério problema de saúde pelo qual passava naquele momento, em julho desse ano tive uma longa conversa com a Prof.ª Concesa, via Skype (pela primeira vez), na qual, após expor todo a minha problemática, propus reduzir o número de Estudos (de cinco para três ou quatro), mas a professora foi irredutível, alegando inclusive que os dados já haviam sido coletados e não teria sentido descartá-los.

Abalado emocionalmente devido ao meu estado de saúde e frustrado na minha tentativa de redução do número de estudos, não me restava outra alternativa a não ser aquela de continuar com a minha difícil missão, aparentemente impossível, dentro do prazo estabelecido por mim, de defesa de tese no segundo semestre de 2012. Sequenciei o trabalho e, em outubro, havia concluído o Estudo III, em dezembro o Estudo IV e, aproveitando o recesso escolar de final de ano, tratei de trabalhar objetivando concluir o Estudo V, uma vez que já havia acertado com a Prof.ª Concesa o nosso próximo encontro em Burgos para o mês de fevereiro do ano seguinte.

Utilizando-me dos resultados obtidos até o Estudo III, preparei o trabalho que seria submetido ao IV Eibiec, a ser realizado em dezembro no Instituto de Física da Universidade Federal do Rio Grande do Sul (UFRGS) em Porto Alegre, Brasil, conjuntamente à X Semana de Pesquisa (SP). O trabalho fora aceito para apresentação em comunicação oral e, posteriormente, publicado, em forma de artigo, no periódico *Aprendizagem Significativa em Revista (ASR)*. O trabalho do IV Eibiec/X SP era, na verdade, um esboço incompleto da tese sem os demais estudos e, obviamente, sem resultados conclusivos. Mais uma vez, eu e a Prof.ª Concesa nos encontramos durante essa Semana e, além de conversarmos sobre o estado da tese naquele momento, também confirmamos o nosso encontro em Burgos para fevereiro de 2013.

O MAIS DIFÍCIL DE TODOS OS ANOS: DECEPÇÕES, DECISÕES, ANGÚSTIA

Pela vez primeira viajava numa companhia de aviação brasileira, a TAM, para a Europa/Madrid. Inicialmente fizemos o trecho Salvador/São Paulo para posteriormente seguir viagem para Madrid, no voo JJ 8064. Portanto, às 15h45min de segunda-feira (19/03/13), parti de Salvador (Bahia) rumo a Madrid, deixando para trás um monte coisas com as quais estaria, de alguma forma, envolvido caso não tivesse viajado. Deixei Kenya com os preparativos do casamento de Myle (Jamyle) e mais outras tantas coisas para administrar, inclusive as suas emoções. Deixei Myle, apreensiva, preocupada, estressada... ou bem cuidava dos trabalhos profissionais ou bem cuidava da casa e dos preparativos do seu casório. Deixei Dé (Weber), juntamente à Rai (Raiana), na iminência de uma grande e dupla tomada de decisão, a aquisição de uma nova sala para a empresa e a troca de seu apartamento. Também deixei os afazeres do dia a dia do Colégio Gênesis e a conclusão do teatro, a nova sala de Myle, enfim, um monte de coisas, inclusive a minha vontade de ser, de estar, de participar de tudo e com todos, ficaram para trás. Deixei tudo isso para mais uma vez buscar intensificar os estudos e me aproximar, cada vez mais, da finalização dessa grandiosa missão: a conclusão do doutorado.

Cheguei em Burgos na terça-feira (20/03) e fui direto para o Hotel Abadia, o mesmo da vez anterior. Depois que me acomodei fui logo ao encontro de Concesa, queria ganhar tempo para me apresentar e logo marcar o encontro do dia seguinte, uma vez que eu já havia mandado o material para ela antes mesmo da viagem. Encontramo-nos e já planejamos o que fazer na quarta-feira (21), marcamos para primeira hora (9h), como dizem os espanhóis. Voltei ao hotel e, mesmo ainda "comFuso", resolvi a trabalhar um pouco além de dar notícias sobre a viagem ao meu pessoal na Bahia e saber notícias de lá.

Dia seguinte lá estava eu, antes mesmo de Concesa chegar. Conversamos sobre o que eu havia enviado e, em seguida fui para a sala ao lado (meu local de trabalho na faculdade) começar a trabalhar e assim foi todo o dia.

Na quinta (22), apresentei para Concesa a produção até aquele momento, novas críticas e comentários foram sugeridos por ela. Voltei a trabalhar em cima dessas considerações e, ao sentir que estava me aproximando da conclusão do Estudo II, resolvi abrir outra frente de trabalho e enviei para Concesa o texto sobre a "Metodologia de pesquisa".

Na sexta (23), conversamos sobre a Metodologia, porém deixei para fazer os retoques à noite, no hotel. Fiz os devidos retoques e melhorei um pouco esse item tão importante em um trabalho de pesquisa. O detalhe é que à noite eu não conseguia dormir antes de 1h da madrugada.

Todo o final de semana (sábado e domingo) trabalhei na perspectiva de, definitivamente, concluir o Estudo II. Concesa, como sempre preocupada, marcou para almoçarmos juntos no domingo no seu apartamento, o que aconteceu com a presença de mais duas colegas dela.

Retornei à Bahia, Brasil (voo JJ 8065) com uma certeza: de, mais uma vez, ter dado um grande salto qualitativo. Avancei qualitativamente na medida em que ter chegado à conclusão de um estudo (Estudo II), facilitaria sobremaneira o trabalho a ser desenvolvido com os próximos estudos, tendo em vista a semelhança entre eles.

O previsto e esperado aconteceu, concluir o Estudo II. A conclusão desse estudo não só se constituiria em mais uma etapa vencida, como também serviria de modelo a ser seguido e implementado nas análises e resultados dos próximos estudos, o que certamente seria uma contribuição substancial para o trabalho como um todo.

Tendo concluído o Estudo II, imediatamente enviei cópia para Concesa para ela ver como ficou o produto de um processo em que trabalhamos juntos quando do nosso último encontro em Burgos. Diante desse feito, restava-me continuar de maneira firme, consciente e decidida o trabalho frente aos dados e resultados decorrentes dos Estudos III, IV e V, e assim o fiz. E mais, tratei logo de marcar mais um encontro com Concesa em Burgos.

Assim, portanto, mais uma viagem a Burgos aconteceu. Uma viagem marcada por importantes expectativas, entre elas a chegada do grande dia, o dia da defesa da tese. A esperança de que em alguma das nossas conversas neste encontro, isto seria falado. Mas, por que tanta expectativa? Talvez porque, pela primeira vez, o trabalho se mostrava com "cara" de um trabalho de tese. Da introdução ao capítulo 5, de alguma forma, tudo estava escrito, faltando promover apenas a integração dos cinco estudos e a conclusão propriamente dita. Vale lembrar que todo esse material já havia sido passado para Concesa, da introdução ao Estudo II, em julho/2012, seguido do Estudo III (dezembro/2012), Estudo IV (janeiro/2013) e Estudo V (fevereiro/2013).

Pois bem, antes mesmo de chegar ao destino, resolvi comprar alguns livros em Madrid e com isso cheguei naquela cidade à noite de segunda-feira, dia 18/03.

Dessa feita, meu embarque ocorreu sem a presença de Kenya no aeroporto, Weber e Raiana foram as pessoas que me embarcaram. Mais uma vez deixei para trás a minha casa, minha família, meu amor, Kenya, que mais uma vez ficou chorando, mas eu tinha que ir.

Apesar de ter a impressão de que algo estranho estaria acontecendo no comportamento de Concesa para comigo quando da realização do Eibiec (dezembro/2012), pude constatar que foi apenas um equívoco de minha parte, uma vez que o encontro de terça-feira (19) ocorreu dentro da normalidade, com ela sempre me tratando da mesma forma e com a mesma deferência de sempre. Creio eu que, possivelmente, essa minha percepção tenha sido devido às suas ocupações inerentes ao próprio evento e defesas de tese que aconteceram e com a sua participação. Passados os contatos iniciais com assuntos preliminares e pessoais, combinamos para depois do almoço conversarmos sobre o trabalho.

Após o almoço, portanto, começamos a falar sobre o trabalho tendo por base o que ela havia corrigido. Ao longo da conversa pude perceber que havia alguma troca de arquivos, pois algumas coisas não estavam coincidindo com os meus escritos, a exemplo da "Metodologia" e do "Estudo II". Enfim percebi que o arquivo completo que eu havia enviado em julho não fora utilizado para fins de correção, foram utilizadas outras versões anteriores. Mesmo assim conversamos atentamente e estranhei a intensidade de críticas referentes ao Estudo II, uma vez que este fora concluído em Burgos há um ano e que serviria de base para trabalho com os demais. Confesso que fiquei um tanto quanto perplexo e indignado, mas, mesmo assim, neste mesmo dia comecei a trabalhar em cima dos consertos e adequações.

De tudo que conversamos, uma coisa me deixou muito preocupado, que foi o problema com os "Indicadores de Aprendizagem" (IA), pois nas nossas conversas não havia sentido aceitação por parte de Concesa, o que a levou, mais tarde (quinta-feira), passar e-mail para o Prof. Marco Antonio pedindo a sua opinião sobre os tais indicadores, mas enquanto estive por lá não obtive qualquer resposta.

Confesso que diante de toda essa situação fiquei desesperado, o meu sentimento era de indignação diante de tal retrocesso, achava que, cada vez mais, o trabalho se distanciava do seu estado final e consequentemente o dia da defesa parecia cada vez mais distante. Em uma das conversas com Concesa, não contive as lágrimas e emoções, chegando a chorar por mais de uma vez, ao constatar que muita coisa precisaria ser feita para melhorar o trabalho e encaminhá-lo para o estado final. Diria até que este foi para mim o momento mais difícil de toda caminhada. Pensei em desistir!

Mesmo passando por tudo isso, tentava disfarçar junto ao meu pessoal no Brasil, pois, assim como eu, eles também aguardavam boas notícias. Entretanto, em meio a tudo isso, decisões precisariam serem tomadas e não eram muitas as possibilidades de escolhas, ou decidia ficar em Burgos e retomar o trabalho ou desistiria do curso, abandonando de uma vez por todas esse grande sonho. E aí, o que decidir?

Na verdade, em toda minha existência sempre tratei de cultivar um jeito de me conduzir diante das coisas que faço e nas tomadas de decisões: via de regra, não costumo deixar pela metade alguma coisa que comecei a fazer. Outra coisa, quando o fardo é pesado e a decisão é difícil, entrego nas mãos de Deus e seja feita a Sua vontade. Considerando essas premissas que sempre me acompanharam, tomei a decisão de continuar no curso e retomar o trabalho.

Tendo optado por essa decisão, entreguei, como sempre faço, nas mãos de Deus, aquilo que para mim se constituíra um grande e pesado fardo. E, nessa entrega, que foi diária e constante, enquanto estive em Burgos, busquei a cada momento me aproximar Dele, seja por meio da oração constante, seja participando das missas, na Eremita San Amaro (no próprio campus da UBU) e na Catedral (centro da cidade), ou mesmo, pela internet, da missa de Santo Antonio (dias de terça-feira) na minha cidade (Feira de Santana).

Em meio a todo esse pesadelo, eu não conseguia me esquecer das cobranças que eram muitas, sejam elas diretas ou não. A começar por mim, talvez a maior delas, além da expectativa dos familiares e amigos. Perguntas do tipo: "Quando vai ser mesmo a defesa? Já terminou? Tá perto...?" Afinal quase sete anos se passavam e... nada. E pensava comigo mesmo, "é muito tempo para um doutorado!!!". E também, tempo suficiente para gerar questionamentos: "Será que vale a pena? Será que não estou sendo capaz? Até que ponto minha família, (particularmente Kenya) suportará? É isso mesmo que eu quero para mim? Vale a pena desistir?". Sobre esta última, no momento de desespero cheguei até falar com a própria Concesa, mas confesso que seria dureza ter que desistir na reta final.

À medida que nos encontrávamos e conversávamos sobre o trabalho, eu me desesperava cada vez mais, não conseguia ver qualquer possibilidade de atender aquela demanda. Era muita coisa "de fundo" (teórico-metodológico) para ser reelaborada, basicamente quase tudo deveria ser refeito. Entretanto, estando em Burgos, com o objetivo único de trabalhar o texto da tese, utilizei todo possível tempo de que dispunha para a reelaboração dos escritos, com base nas considerações da Prof.ª Concesa.

Enfim, passada a turbulência, esfriei a cabeça (um pouco) e continuei a trabalhar nos consertos e melhorar o trabalho. Esses dias em Burgos foram mais voltados para o trabalho, seja no hotel (dessa vez foi o Hotel Cuentame) ou na Faculdade. O frio (com neve inclusive) até que me ajudou a ficar mais voltado para a melhoria do trabalho.

As últimas conversas com Concesa (sobretudo a última mesmo) me deram um certo "ânimo", (como ela mesmo falava), tendo em vista as revisões e propostas futuras. Segundo ela, agora era fazer os devidos consertos, completar o trabalho e enviar o texto completo para ela e Marco. Mesmo ouvindo essas palavras, eu sabia que a tarefa que tinha pela frente não era nada fácil.

Era chegada a hora de retornar ao Brasil, e comigo a sensação de incompetência, de fragilidade, de improdutividade. Muito tempo, muita renúncia, muita dedicação e pouca produção. Pela primeira vez, senti uma imensa vontade de parar, de abandonar, de desistir. Contando com o permanente estímulo da Prof.ª Concesa e tendo feito alguma coisa durante a minha estada (muito ainda estava por fazer, não só na análise dos estudos como também nos outros capítulos), retornei ao Brasil, e junto comigo a desilusão, a sensação de que o sonho sonhado não seria realizado. Diante desse quadro, algumas perguntas eu mesmo me fazia: "Estaria eu sem condições de acompanhar do Programa? O Programa estava com nível de cobrança exagerado? Valeria a pena continuar a fazer as reformulações (como sempre as fiz) podendo estas não atender às expectativas da tese?". Em meio a essas e outras indagações que rondavam o meu desanimado e confuso pensamento, surgiu a ideia de buscar uma ajuda. Nada mais justo e apropriado de que essa pessoa fosse meu coorientador, o Prof. Marco Antonio Moreira, e assim o fiz.

Além disso, ouvi de Kenya algo que muito me encorajou e me deu forças para confirmar a minha a minha decisão: "não combina com você começar algo e deixar pelo caminho", palavras que foram endossadas pelos meus filhos, amigos e colegas de trabalho.

A RETOMADA: UMA BUSCA, UMA TENTATIVA... UM MARCO

Mesmo com tantas demandas, o Prof. Marco Antonio Moreira mostrou-se sensível diante do meu apelo e, por e-mail, enviou-me algumas possíveis datas nas quais ele estaria disponível para nos encontrarmos. Tudo acertado, viajei a Porto Alegre e por lá fiquei durante três dias, no início do mês de abril (01 a 03/04) desse ano de 2013. Os encontros e conversas que tivemos nesses dias foram o suficiente para restabelecer em mim, a confiança, a credibilidade e a certeza de que era possível chegar ao final do trabalho. Foram dias de assistência quase integral, nos quais, entre conversas, discussões e orientações, pude rever os meus conceitos, reformular os meus pensamentos e seguir célere rumo à conclusão do trabalho de tese.

Voltei à minha cidade (Feira de Santana) e, com determinação e firmeza, retomei os trabalhos de reelaboração do texto, tendo sempre por base as considerações feitas pelos professores Moreira e Concesa. Percebia que havia muito trabalho para se fazer, mas, diferentemente do que pensara anteriormente, conseguia vislumbrar que eu era capaz de fazê-lo e que tudo aquilo, mais cedo ou mais tarde, seria possível de se realizar.

Imbuído dessa convicção, entre os meses de abril e julho, tratei de dedicar todo meu tempo possível, trabalhando e estudando incansavelmente visando à conclusão do texto. Essa investida passara a ser para mim um grande, porém, não mais ameaçador desafio que eu assumira com muito compromisso e dedicação. Melhorei os Estudos, promovi a sua integração, tracei as considerações conclusivas e, com base nas regularidades encontradas, escrevi a conclusão do trabalho. Era a hora de revisar o texto e enviá-lo aos meus orientadores. E assim o fiz no dia 23 de julho de 2013, ficando no aguardo e na expectativa otimista dos seus pareceres.

Passados alguns dias, surge o primeiro parecer: *"Revisei a versão completa em português de sua tese, a partir da Introdução. Me parece que está em condições de ser defendida"*, escreveu o Prof. Moreira, em 12 de agosto de 2013.

Um pouco mais tarde, no dia 29 do mesmo mês, foi a vez da Prof.ª Concesa: *"He finalizado la lectura del texto de la Tesis que me has enviado y creo que has hecho un gran esfuerzo y buen trabajo para integrar la investigación de los cinco estudios y estamos, ahora si, en proceso final si el Prof. Moreira está de acuerdo"*. Acompanhando o seu posicionamento, Concesa ainda sugeriu algumas contribuições, mais de forma (estrutura) que de fundo (conteúdo), como ela costumava a dizer, para melhoria do texto.

Foi com muita alegria, entusiasmo, satisfação e, acima de tudo, orgulho, que recebi essas tão esperadas mensagens. Elas representaram para mim a certeza das minhas possibilidades e a capacidade das minhas competências. Orgulhava-me de mim mesmo, do meu poder de superação, da minha persistência, da confirmação interior em ver manter o meu jeito de ser, que sempre foi o de sempre concluir aquilo que começava, dessa feita com muita resiliência e, sobretudo, fé. Naquele momento, restava-me agregar algumas coisas que faltavam para que aquele texto se tornasse, de fato e de direito, uma tese. Paralelamente aos consertos no texto do trabalho, ainda tive uma breve participação na XVI Semana de Física da Universidade Estadual de Feira de Santana, na qual proferi a palestra, "Pesquisa em Ensino de Física e sala de aula: uma reflexão necessária", que mais tarde resultaria num artigo publicado no Caderno de Física da Uefs.

CAMINHO VIII

RUMO À DEFESA DE TESE

Como eu já havia falado, embora tido como pronto e acabado, o trabalho em si carecia de algumas pequenas alterações e correções, para chegar a sua versão final. Isto foi cuidadosamente providenciado e, posteriormente, reenviado para os meus orientadores de estudos.

Em 17 de fevereiro de 2014, o professor Marco Antonio Moreira escreveu, via e-mail, a seguinte mensagem:

"Prezado Antonio Jorge, ...Revisei também a estrutura geral da tese, a qual me parece bem. É impressionante a quantidade de dados. Cada estudo está bem estruturado, bem analisado. A conclusão geral, embora talvez um pouco frustrante para você, está bem e é muito honesta. Pesquisa é isso mesmo. Perguntar, fundamentar, proceder metodologicamente e analisar, interpretar os resultados, sem preocupação em mostrar que tudo funcionou bem, que a didática deu ótimos resultados [...]. Abraço, Professor Moreira".

Palavras como essas, partindo, sobretudo, do Professor Moreira, significavam para mim o reconhecimento de um trabalho realizado com muito esforço, dedicação, estudo e, acima de tudo, resiliência. São palavras de quem, não só conheceu o produto final, mas na condição de também orientador de estudos, pode acompanhar de perto (sobretudo nos últimos meses) o processo, seus avanços e retrocessos decorrentes dessa longa jornada. Ao professor Moreira deixo aqui, mais uma vez, o meu registro de profundo agradecimento, de eterna gratidão.

Como forma de completar os trâmites burocráticos para efeito de defesa de tese também me foram solicitados alguns documentos complementares exigidos pela UBU, entre eles um memorial descritivo, um resumo da tese, tanto para o programa como para a imprensa de Burgos.

Numa breve avaliação sobre a minha passagem pelo Pidec, diria que foi uma experiência desafiadora, com a qual muito aprendi, muito cresci. Ao final desses anos, pude perceber, ano a ano, a evolução dos conhecimentos construídos e os avanços alcançados, quer seja nos aspectos das concepções sobre ensino e aprendizagem, quer seja no âmbito da pesquisa em educação, especialmente em Ensino de Ciências. Não restam dúvidas de que a prova maior do meu crescimento é a própria tese, porém outros frutos também podem ser testemunhados por meio dos artigos publicados em periódicos e apresentados em eventos, minicursos, palestras, além, é claro, de o meu próprio fazer pedagógico na Universidade Estadual de Feira de Santana, como docente de disciplinas pedagógicas do Curso de Licenciatura em Física, no momento, a saber: Variáveis Educacionais e Pedagógicas em Ensino de Física, Ensino de Física em Espaços não formais e Pesquisa em Ensino de Física. Destaco, também, a importância dessa experiência para na condição de professor de Física e Diretor geral do Colégio Gênesis de Feira de Santana.

Enfim, nesses anos de doutorado, os estudos realizados favoreceram a construção e aquisição de diversas competências, no campo da Investigação em Educação em Ciências, especialmente no Ensino de Física. Entre essas competências destaca-se: o aprimoramento da compreensão e o domínio de habilidades e métodos de pesquisa na área de Ensino de Física; o fortalecimento da capacidade de concepção, criação e desenvolvimento de um projeto de pesquisa; a ampliação do poder de realização de análises críticas, avaliação e síntese de novas e complexas ideias; a melhoria da capacidade de comunicação, sobretudo no âmbito da comunidade acadêmica; a capacitação docente para o ensino de disciplinas relacionadas com a pesquisa na área; a melhoria da capacidade orientação aos estudantes na elaboração e desenvolvimento de projetos de pesquisa.

Ainda na perspectiva da avaliação, gostaria de também salientar a forma sequencial de como estava estruturado o Programa: semestres com aulas das disciplinas, monografias, estudo exploratório, suficiência investigadora, projeto de pesquisa, pesquisa de campo com intervenção didática, elaboração do texto da tese e defesa de tese. Diferentemente de outros programas, pode-se observar nessa estrutura que o projeto de tese não é apresentado quando da entrada do aluno no programa, mas solicitado num momento em que nós, alunos do curso, já tínhamos cursado todas as disciplinas propostas, as quais reuniam em seus conteúdos possibilidades de atender as possíveis demandas, tanto para o estudo exploratório como para o trabalho de pesquisa e elaboração de tese propriamente ditos.

Se por um lado a estrutura do programa contribuiu com avanços, por outro lado, devido a não necessidade de permanência em Burgos, criou-se um fator de complicação no que se refere à relação orientador-orientando. Basicamente, na maioria dos casos, isso ocorrera via meios de comunicação à distância. Particularmente, no meu caso, na medida do possível, sempre busquei oportunidades de encontros pessoais com os meus orientadores, Prof.ª Concesa e Prof. Moreira, em eventos como Semana de Pesquisa, Enas/Eias, Eibiec, além de encontros previamente agendados em Burgos e Porto Alegre, nos quais não só fui bem atendido, como devidamente assistido por esses profissionais.

Para finalizar, quero aqui registrar a minha satisfação de, por meio do Pidec, conhecer mais pessoas e fazer novos amigos, colegas, e com eles poder desfrutar momentos de grandes aprendizados e de rara felicidade. Quero também externar os meus sinceros agradecimentos a todos os professores do programa, com os quais convivi (e convivo) e muito aprendi, particularmente ao Prof. Moreira, que, com o seu experiente e competente olhar, mesmo em meio a tantas demandas, sempre esteve presente, sobretudo nos momentos difíceis e decisivos. Por último, um agradecimento todo especial a Prof.ª Concesa, que, na condição de orientadora deste trabalho, não só exerceu de forma competente essa função, como também sempre se mostrou solícita e atenciosa às minhas demandas, fossem elas presenciais ou a distância.

Com tudo referente ao texto da tese organizado, pronto e aprovado, com as coisas relativas à parte burocrática da defesa devidamente providenciadas, restava-me agora aguardar, e com muita expectativa, o tão sonhado dia da defesa de tese. Entretanto, eis que surge um fato novo, algo que, confesso, não estava nos meus planos: a possibilidade de mudança do local da defesa. Ao invés de ser, como de costume, na Universidade de Burgos (Espanha), poderia vir a ser no Brasil, durante a realização do V Encontro Nacional de Aprendizagem Significativa que aconteceria em Belém do Pará.

Diante dessa possibilidade manifestada por Concesa, confesso que fiquei um tanto quanto frustrado, tendo em vista as expectativas construídas em torno desse momento ao longo do curso, tais como o fato de poder contar com a presença e o prestígio de amigos e familiares que tanto torceram e me apoiaram durante todos esses anos; a oportunidade (para alguns a primeira vez) que eles teriam para aproveitar e fazer um pouco de turismo indo para a Espanha; além, é claro, da minha própria vaidade humana e pessoal de mostrar para mim e demais presentes, naquela universidade (onde tudo começou), naquela cidade (simples e acolhedora, que eu aprendi a gostar), naquele país, a conclusão triunfal e exitosa de uma árdua e difícil caminhada, que em alguns momentos, diante dos obstáculos e tropeços, pensei até desistir.

Confesso que cheguei a manifestar junto a Concesa a minha insatisfação, além de usar alguns argumentos para tentar reverter essa possibilidade, mas parecia ser em vão. Enviei, via e-mail, a seguinte mensagem para Concesa:

Hola Concesa
Paz e Bem!
Alguma notícia relativa à tese? Está certo que será durante o Enas?
Caso tenha alguma confirmação, por favor me avise, pois preciso ver passagem e hospedagem para mim e outras pessoas que possivelmente irão também para Belém.
Enquanto isto, estou trabalhando na apresentação e assim que estiver concluída enviarei para vc e Marco avaliarem.
Abraços

A sua resposta foi categórica e definitiva:

"*Hola Antonio.*
Ahora sí la defensa está muy próxima. Los trámites siguen adelante sin ningún problema. Ya está aprobado el tribunal y ahora deben enviar informes en un plazo de un mes para autorizar la defensa; espero no habrá ningún informe desfavorable y, por tanto, puedes gestionar los pasajes porque la defensa será en el Enas sin duda. Un abrazo. Concesa."

Diante dessa confirmação, não me restava outra coisa a fazer a não ser comunicar aos demais que realmente, a defesa seria em Belém e providenciar tudo que seria necessário (passagens, hospedagem...) para realização da viagem, pois, afinal, o mais importante, sem dúvidas, era a defesa da tese, o lugar era o de menos, porque reclamar. Por outro lado, esse fato reforçou o meu entendimento e aceitação sobre os desígnios de Deus, de que as coisas nem sempre são ou ocorrem conforme o nosso desejo e nossa vontade. "Tudo tem seu tempo determinado, e há tempo para todo propósito debaixo do céu. Há tempo de nascer, e tempo de morrer; tempo de plantar e tempo de arrancar o que se plantou" (Eclesiastes 3, 1-2).

CAMINHO IX

A DEFESA DE TESE

Conforme ficara definido, a defesa de tese ocorreria em Belém do Pará, por ocasião da realização do 5º Encontro Nacional de Aprendizagem Significativa (5º Enas) de 01 a 05/09/2014, quando na oportunidade eu também estaria apresentando uma Comunicação Oral decorrente do trabalho de tese.

Acertados os detalhes da viagem, bem como as pessoas que iriam comigo, partimos de Salvador no sábado (31 de agosto) para a cidade de Belém do Pará. Além da minha esposa, Kenya, também nos acompanharam o nosso primogênito Weber, minha cunhada Elydia, meu irmão Paulo e a nossa amiga e assessora pedagógica do Colégio Gênesis, Ana Rita. Eu, Kenya e Ana ficaríamos durante toda semana, até o dia 05/09, pois também participaríamos do 5º Enas, enquanto os demais voltariam na quarta-feira (03/09).

Saímos de Salvador às 06h30 da manhã, chegando a Belém por volta das 16h, devido à conexão em Brasília e a escala em Marabá. Uma viagem tranquila, porém cansativa. Ficamos todos hospedados no Hotel Soft Belém (Av. Brás de Aguiar), o mesmo onde estavam hospedados boa parte da "cúpula", professores convidados e alguns participantes do Enas.

Como chegamos dias antes do encontro, aproveitamos para fazer um pouco de turismo pela capital paraense, conhecer alguns recantos e pontos turísticos da cidade. Logo na noite de sábado, após procurarmos algum lugar para tomarmos um drink e petiscar, resolvemos (exceto meu irmão Paulinho que ficou dormindo no hotel) conhecer a Estação das Docas, um lugar bonito e aconchegante. Lá, passeamos e ficamos um pouco na Amazon Beer, uma choperia atraente e bastante disputada, onde experimentamos os chopes da casa, além de outras bebidas e petiscos.

No domingo (31), após o café, fomos conhecer a Basílica de Nossa Senhora de Nazaré e assistir à missa das 10h. Conhecemos, portanto, o tão falado lugar, onde se realiza a maior festa religiosa do Brasil: o Círio de Nazaré. Para mim, um momento de rara emoção, de total entrega e gratidão à Mãe de Jesus, Nossa Senhora. Entrega da defesa de tese e agradecimentos diversos, afinal foram muitas graças alcançadas em minha vida e Nossa Senhora de Nazaré também teve a sua participação nessa minha difícil caminhada (mais detalhes...). Após a missa fomos novamente às Docas, lá tomamos um drink e resolvemos almoçar numa churrascaria perto dali. Terminado o almoço, comecei o meu regime de concentração visando o momento da defesa de tese.

Ainda na tarde deste mesmo dia, juntamente a Weber, começamos rever o material a ser usado para a minha apresentação no dia da defesa, cuidando dos aspectos estéticos e do repasse de conteúdo.

À noite encontrei-me com a minha orientadora de estudos, Concesa Caballero, conversamos um pouco e acertamos para fazermos um ensaio da apresentação na segunda à tarde, pois pela manhã eu ficaria no hotel concluindo o material. Ana e Kenya foram para a abertura do 5º Enas. Conforme combinado, à tarde, fomos (eu e Concesa) fazer o ensaio no local onde ocorreria a defesa na terça (02/09). Realizado o ensaio, tratei de fazer as devidas adequações com base nos comentários de Concesa.

Dois de setembro de 2014, "DIA DA MINHA DEFESA DE TESE". Nesse mesmo dia, eu também teria um trabalho a ser apresentado no Enas, uma Comunicação Oral (CO), o que ocorreu pela manhã. Após a CO, voltamos para o hotel, almoçamos para em seguida nos aprontarmos e voltarmos (dessa vez, todos) para a universidade, mais precisamente para o prédio da Reitoria da Universidade Estadual do Pará (Uepa), local onde ocorreria a defesa, marcada para às 17h30.

É chegado o tão esperado momento e, com a chegada deste, a expectativa da realização de um grande sonho, a conclusão do doutorado. A banca examinadora era formada por Jesús Meneses (Presidente) da Universidade de Burgos (UBU), José Roberto Silva (Secretário) da Universidade Estadual de Pernambuco (Uepe), Nelson Studart da Universidade Federal de São Carlos (UFSCar), Elcie Salzano Masini da Universidade Mackenzie-SP e Lourdes Maria Werle da Universidade Estadual de Londrina (UEL). Todos prontos e preparados para o início dos trabalhos.

Na plateia, além dos meus orientadores de estudos, professores Concesa Caballero e Marco Antonio, estavam também prestigiando esse grande momento a minha esposa Kenya, o meu filho Weber (Jamyle, a caçula, estava grávida de Antonio e por recomendação médica ficou em

Feira de Santana), a minha cunhada Elydia, a minha amiga e colega do Gênesis, Ana Rita e a colega paraense Tânia Roberta do Pidec, entre outros.

Dando início aos trabalhos, o professor Jesús Meneses abriu a sessão, fez a apresentação dos componentes da banca examinadora e passou a palavra para mim, que doravante faria a apresentação do meu trabalho de tese, no tempo previsto de 50 minutos. Seguindo o ritual, após a apresentação deu-se prosseguimento com os comentários e questionamentos por parte dos membros da banca. Encerrada essa fase, fomos solicitados a sair do recinto, ficando apenas os componentes da banca para proceder à avaliação do trabalho apresentado e divulgar o resultado final.

Após alguns minutos fomos convidados para retornar ao local para leitura da ata de resultado final da defesa. O presidente da banca, Prof. Dr. Jesús Meneses, no uso das suas atribuições fez a comunicação com o resultado final da avaliação da banca.

Como forma de comprovante provisório, recebi da Universidade de Burgos dois documentos, a *"Papeleta de Calificación"* e a *"Certificación Supletória del Título de Doctor"*, que me conferia o título de doutor com a qualificação de *"SOBRESALIENTE"* (EXCELENTE), conforme a figura a seguir.

Figura 1 – Certificado provisório e Qualificação de título de doutor

Fonte: o autor

Conforme protocolo, o diploma oficial ficaria pronto oportunamente para posterior retirada na UBU e isso ocorreu no ano seguinte quando fui participar em Burgos da *"Fiesta de la Universidad"*.

Tendo terminado o rito oficial da defesa e recebido os devidos cumprimentos e felicitações, passamos para a parte seguinte, a comemoração dessa grande conquista. De maneira simples, como nas outras conclusões de cursos (ensino médio, graduação, mestrado...) na minha vida de estudante, a comemoração do título de doutor ocorreu na forma de um jantar com os familiares, orientadores e componentes da banca examinadora, em um restaurante (Cantina Italiana) da cidade de Belém, previamente por nós acertado.

Finalizando esta seção, não poderia deixar de registrar os comentários por escrito que recebi da professora Elcie Masini (membro da banca examinadora) sobre a minha tese. Tentando ser breve, uma vez que o texto é extenso, relato aqui apenas as palavras introdutórias da professora Elcie:

"Meus agradecimentos à Dra Concesa e ao Dr. Marco Antonio pela oportunidade de compor esta Banca. É para mim um privilégio aqui estar participando das reflexões sobre esta investigação tão relevante e construída com tanta seriedade.

Jorge,

Agradeço seu precioso material. Foi muito prazerosa para mim a leitura de sua Tese e de entrar em contato com: 1) com sua concepção e sua pesquisa em busca de viabilizar que a ciência a ser ensinada na Escola deve ser essencial e fundamental para compreender o mundo de hoje e responder aos seus desafios; 2) com sua crítica sobre a forma como a ciência está sendo ensinada sem atender às demandas do educando, como estudante e cidadão e não oferecendo condições favoráveis para a ocorrência de uma aprendizagem significativa; #) com suas restrições ao ensino da Física, desenvolvido com base no uso de fórmulas e equações, além de leis, princípios e conceitos isolados, levando à ocorrência de aprendizagem mecânica, estéril e desvinculada do mundo vivenciado pelo estudante; proporcionado, apenas, condições de repetir os enunciados das leis, sem entender os significados dos conceitos e resolver os problemas propostos nos textos didáticos, apenas, com o uso das expressões matemáticas."

Embora já estivesse conhecido a professora Elcie, com essa sua participação na banca examinadora da tese, tornamo-nos mais próximos. Essa nossa aproximação não se deu apenas por essa razão, mas também, pelo seu jeito atencioso, educado e carismático de ser, o que foge e destoa muito de boa parte dos profissionais no meio acadêmico. Além dos seus conhecimentos e da sua competência profissional, pude perceber, nos poucos contatos que tivemos, perceber na pessoa da professora Elcie um grande ser humano, uma pessoa extraordinária. À senhora, professora Elcie Masini, os meus sinceros agradecimentos por ter feito parte da minha trajetória acadêmica, além de ter a honra de conhecê-la.

Fotografia 11 – Tese

Fonte: o autor

Fotografia 12 – Diploma

Fonte: o autor

Fotografia 13 – Defesa de tese

Fonte: o autor

Fotografia 14 – Prof. Moreira, Antonio Jorge e Prof.ª Concesa

Fonte: o autor

Fotografia 15 – Elydia, Paulo, Kenya, Prof. Moreira, Antonio Jorge, Prof.ª Concesa, Ana Rita e Weber

Fonte: o autor

CAMINHO X

O PÓS-DEFESA

FELICITAÇÕES E COMEMORAÇÕES

Passado o tão esperado momento da defesa de tese, outros momentos se sucederam com manifestações de felicitações, confraternizações, além de planos e tomadas de decisões que norteariam a minha vida futura. Desde os procedimentos burocráticos com a convalidação da documentação, na Espanha e no Brasil, até a minha posição dentro do Departamento de Física da Uefs frente ao curso de Licenciatura em Física e os programas de pós-graduação.

A primeira das manifestações por conta desse grande feito em minha vida foi a realização de uma festa de comemoração em nossa residência, oportunidade em que reunimos amigos e familiares para comigo celebrar e marcar esse momento de rara felicidade.

Figura 2 – Convite: festa de comemoração do doutorado

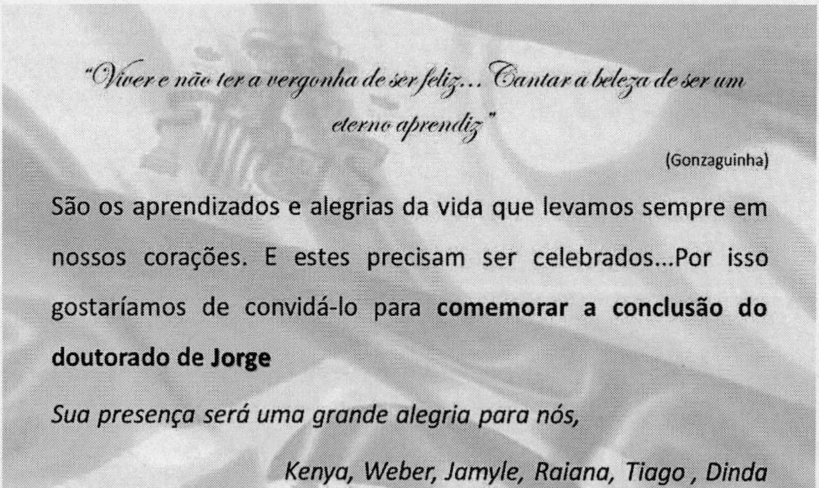

"Viver e não ter a vergonha de ser feliz... Cantar a beleza de ser um eterno aprendiz"

(Gonzaguinha)

São os aprendizados e alegrias da vida que levamos sempre em nossos corações. E estes precisam ser celebrados...Por isso gostaríamos de convidá-lo para **comemorar a conclusão do doutorado de Jorge**

Sua presença será uma grande alegria para nós,

Kenya, Weber, Jamyle, Raiana, Tiago, Dinda

Fonte: o autor

Assim sendo, na tarde ensolarada de um sábado 14 de setembro, tive o prazer e a alegria de agradecer a Deus e de desfrutar com meus amigos e familiares da imensa alegria que sentia. Iniciamos com um louvor de agradecimento a Deus, coordenado pela amiga e coordenadora do Colégio Gênesis, Nancy, com cânticos e orações sob o comando do amigo e músico Marquinhos. Esse mesmo Marquinhos continuou conosco cantando, tocando e abrilhantando a festa, que seguiu com comes e bebes até o anoitecer. Aliás, em se tratando da nossa família não poderia ser diferente, afinal tudo nela termina em festa.

Dentre as manifestações de felicitações recebidas, destaco, entre outras, as dos meus orientadores de estudos, professora Concesa e professor Moreira:

"Caro Antonio Jorge,

Mais uma vez parabéns pelo doutorado. Foi para mim uma grande satisfação ter participado da orientação de seu trabalho, ter estado presente na defesa e no jantar com a banca e a família.

Desejo que você tenha uma brilhante carreira no ensino de Física e Matemática, assim como na educação de um modo geral. Na sociedade contemporânea é muito difícil compatibilizar a direção de uma escola com ideais educativos, mas você e a Kenya estão conseguindo isso.

Abraço,

Professor Moreira"

Em resposta a essa mensagem do professor Moreira, eu escrevi:

Prezado Prof. Moreira,

Hoje, passados esses anos de convivência, posso testemunhar a importância de tê-lo como um dos meus orientadores, mas também do privilégio de poder gozar da sua amizade.

Quanto aos rumos que deverei seguir após a conclusão do doutorado, devo-lhe dizer que embora existam várias possibilidades de ações a serem desenvolvidos, a exemplo da docência no mestrado profissional, uma delas me cativa, me comove e desperta a minha a atenção: elaborar e desenvolver projetos que viabilizem a aproximação entre a educação básica e a universidade. Não basta trabalhar a formação inicial dos futuros professores, é preciso cuidar também dos egressos (com ou sem formação em Física) que ensinam nas redes pública e privada de nossa cidade e região. Nesse sentido, existem algumas ideias que penso em colocá-las em prática no sentido de fazer chegar até esses docentes os produtos da pesquisa básica e com eles partilhar o muito que aprendi nesses últimos anos de muito estudo, visando melhorar a qualidade do ensino de Física praticado nas escolas e que tanto criticamos.

Particularmente em nossa escola, o Colégio Gênesis, pretendemos continuar com o nosso trabalho com base na ação-reflexão-ação, sempre buscando novas investidas que possam contribuir para reforçar o nosso fazer pedagógico. Uma investida mais ousada é a que pretendemos desenvolver no próximo ano: o "Encontro Gênesis de Aprendizagem Significativa", com palestras, mesas redondas, minicursos, mostras e relatos de experiências dos nossos professores. Sobre esse evento conversaremos mais e melhor.

Para concluir, quero agradecer-lhe por fazer parte da minha difícil trajetória ao longo do doutorado, intervindo e contribuindo, quando possível, de maneira competente, com considerações consistentes e críticas construtivas. Suas intervenções foram decisivas e determinantes para o desenvolvimento e conclusão do trabalho de tese.

Enfim, obrigado pela nossa amizade, pelo respeito, estima e consideração com que sempre fui tratado e com os quais espero ter correspondido. Aprendi muito: obrigado, MESTRE!

Um forte e afetuoso abraço do eterno aprendiz

Antonio Jorge S. dos Anjos.

Nessa onda de mensagens, como não poderia deixar de fazê-lo, também prestei os meus agradecimentos à minha orientadora de estudos, a Prof.ª Concesa, expressa no texto a seguir.

Prezada, Profª Concesa,

Como diretora do nosso trabalho de tese, você sempre demonstrou equilíbrio, prudência e competência na condução dele, orientando e criticando construtivamente no momento preciso, de forma coerente e oportuna.

Por tudo isso e muito mais, você não só me conquistou, como também a todos os meus familiares. Passou a ser para mim muito mais que uma professora/orientadora, tornou-se um verdadeiro porto seguro, uma pessoa/profissional, em quem poderia confiar e com quem poderia sempre contar.

Hoje, passados esses anos de convivência, posso testemunhar e sentir o quanto você foi importante para mim e para a realização do trabalho. Tê-la como minha diretora de tese foi tão importante quanto poder nutrir da sua estima e consideração, além de ter o privilégio de gozar da sua amizade.

Quanto às minhas perspectivas futuras após a conclusão desse doutorado, existem várias possibilidades de ações concretas, que vão desde continuar partilhando com os meus alunos (futuros professores de Física) da universidade (Uefs) os conhecimentos construídos e aprendidos ao longo do doutorado, até atuar como docente no Mestrado Profissional de Ensino de Física na Uefs. Entretanto, uma, entre essas possibilidades me comove e me chama a atenção: elaborar e desenvolver projetos que viabilizem a aproximação entre a educação básica e a universidade. Ou seja, não basta trabalhar apenas com a formação inicial dos futuros professores, é preciso também cuidar dos docentes (licenciados ou não em Física) que ensinam Física nas redes pública e privada da minha cidade (Feira de Santana) e região. Nesse sentido, penso em algumas ideias que podem contribuir com a formação em serviço desses profissionais visando melhorar a qualidade do ensino de Física tão criticado e que é praticado nas escolas.

Particularmente, no Colégio Gênesis, pretendemos continuar com o nosso trabalho pautado na ação-reflexão-ação, buscando novas investidas que possam contribuir com o nosso fazer pedagógico. Uma investida mais ousada é a que pretendemos desenvolver no próximo ano, quando pensamos em realizar o *"1º Encontro Gênesis de Aprendizagem Significativa"*, com palestras, mesas redondas, minicursos, mostras e relatos de experiências dos nossos professores.

Concluindo, quero agradecer-lhe por fazer parte dessa minha difícil trajetória ao longo do doutorado, pelas suas intervenções críticas e construtivas, contribuindo de maneira competente para a realização e conclusão do trabalho de tese. Quero também, agradecer pela maneira como sempre fui tratado e acolhido quando das minhas passagens por Burgos, cidade acolhedora e que aprendi a amar.

Enfim, obrigado pela nossa amizade, pelo respeito, estima e consideração com que sempre fui tratado e com os quais espero ter correspondido. Com você, aprendi muito. Obrigado, MESTRA!

Um forte e afetuoso abraço do amigo e eterno aprendiz.

Antonio Jorge S. dos Anjos

Em resposta a essa mensagem, a Prof.ª Concesa me respondeu o seguinte:

"Hola Antonio
En verdad me has sorprendido con un emocionado final de la tesis. Muchísimas gracias por compartir tus sentimientos al finalizar esta etapa de tu vida

profesional y personal. Sin duda la relación a lo largo de estos años ha ido creando una amistad personal y familiar más allá de lo profesional que también yo tengo que agradecerte. Espero que podamos seguir disfrutando y manteniendo esa grata relación y por supuesto compartiendo proyectos. En cuanto a las posibilidades de futuro ya te comento en otro mensaje tus ideas, pero lo que si quiero recordarte es la publicación de trabajos de la tesis, es decir, todo aquello que no ha sido publicado antes de la tesis debe publicarse después.

Seguiremos en contacto. Que disfrutes en familia el domingo.

Abrazo. Concesa"

LA FIESTA DE LA UNIVERSIDAD

Fotografia 16 – Antonio Jorge e Kenya (*la fiesta de la universidad*)

Fonte: o autor

Fotografia 17 – Antonio Jorge e Kenya (*la fiesta de la universidad*)

Fonte: o autor

Fotografia 18 – Antonio Jorge (*la fiesta de la universidad*)

Fonte: o autor

Enquanto recebia as mensagens de felicitações e pensava sobre as decisões futuras, eis que inesperadamente recebo um e-mail com uma mensagem da Universidade de Burgos, que dizia:

"*Estimado/a Doctor/a:*

El día 27 de febrero de 2015 se celebra la Fiesta de la Universidad de Burgos donde tendrá lugar la Ceremonia de Investidura de los Nuevos Doctores 2014 y la entrega de Premios Extraordinarios de Doctor correspondientes al curso académico 2012-13. El Acto se celebrará en el Aula Magna del Hospital del Rey, a las 12,30h.

*Dado que eres uno de los nuevos Doctores de la Universidad de Burgos nos gustaría contar con tu presencia en dicho acto. Si tus obligaciones personales y de trabajo te permiten **asistir a tu investidura el día 27 de febrero** te convoco a una **reunión el próximo día 30 de enero**, viernes, **a las 14.00h.**, en el Aula Magna del Hospital del Rey, donde explicaré diversos aspectos de la ceremonia y realizaremos un ensayo de la misma. Es tradición que uno de los nuevos doctores intervenga durante el acto, dicha intervención no superará los 10 minutos por lo que el día 30 se decidirá quién intervendrá en representación de los que habéis obtenido el grado de doctor durante el año 2014; también será preciso que uno de vosotros realice el juramento o promesa en nombre de todos vosotros, ante la Institución. Es aconsejable asistir a esta reunión; aquellos que no puedan asistir, pero sí venir al acto del día 27 de febrero, les notificaré lo acontecido en dicha reunión.*

*Asistas o no a los actos convocados (30 de enero y 27 de febrero) es imprescindible que me confirmes, al menos para tener conocimiento de que has recibido esta comunicación. **Confirmaciones antes del** día 27 de enero a través de este correo electrónico: protocolo@ubu.es*

Aprovecho para enviarte un cordial saludo y mi más sincera enhorabuena por el grado alcanzado.

Burgos, 13 de enero de 2015
Marisa Corcuera Mendoza
Jefa de Protocolo
Universidad de Burgos."

Ao tomar conhecimento desse convite, imediatamente duas ideias vieram-me ao pensamento. A primeira, de cunho racional, era que com essa viagem, eu poderia juntar o útil ao agradável, ou seja, aproveitar para pegar o diploma original, cuja entrega era estritamente pessoal e de posse do documento proceder a sua convalidação na Espanha junto aos devidos

Ministérios e o Consulado brasileiro em Madrid. A segunda, de cunho emocional, mas não menos importante para mim, foi a de participar da *"Fiesta de la Universidad"* o que para mim teria um gosto muito especial, pois seria uma espécie de solenidade de formatura, uma vez que um evento como esse nunca havia ocorrido em minha vida de estudante, ou seja, em toda minha carreira estudantil jamais tive a oportunidade de vivenciar um momento como este ao concluir um ciclo de estudos. Portanto, essa seria uma oportunidade ímpar.

Contatei com Concesa para saber dela como seria essa *"Fiesta"* ela não só explicou sobre o ritual, como também me incentivou a participar. Trata-se de um evento anual promovido pela Universidade de Burgos (UBU) no qual são entregues os diplomas de todos os doutores que defenderam suas teses no ano anterior, neste caso 2014.

Inicialmente pensei em ir sozinho, mas percebi que o citado evento se constituía de uma espécie de "colação de grau", uma vez que o esboço proposto para a cerimônia (com orador, juramento, discursos...) se assemelhava a tal. Sendo assim não teria sentido estar indo sozinho participar dessa solenidade e, portanto, convidei minha esposa Kenya para irmos juntos, e ela de pronto aceitou o convite e veio comigo.

A partir daí, comecei a providenciar passagens, hospedagens, além de ver como fazer os procedimentos necessários para a convalidação. Para esse último item, a ajuda da colega do Pidec, Conceição Mendonça (de Pernambuco) foi fundamental, ela me orientou detalhadamente como eu faria todos os procedimentos. Para completar, nos indicou até em que hotel deveríamos ficar em Madrid visando facilitar o nosso deslocamento na realização dos procedimentos de validação da documentação. Uma contribuição valiosíssima. Obrigado, Conceição, jamais me esquecerei desse seu generoso gesto.

Tudo providenciado era só aguardar a hora do embarque. Após quase dois anos, estaria voltando à Espanha, porém dessa feita numa condição diferente, com o doutorado concluído. Entretanto, essa viagem ainda teria a ver com os estudos em Burgos. Viajei, dessa feita, em companhia da minha esposa, Kenya, para participar da solenidade para qual fui convidado, *"La fiesta de la Universidad"*.

Esse seria um momento interessante para todos aqueles que foram e os que também iriam para a defesa da tese, estarem presentes, mas nem eu sabia que existia essa solenidade, para mim foi uma grande e grata surpresa quando recebi o convite. Na verdade, eu já estava pensando sobre a necessidade de ir a Burgos, uma vez que fui informado que o diploma definitivo de doutor estava pronto e só eu poderia pegá-lo. Além disso, precisaria ir à Madrid para proceder a validação dos documentos, para posterior revalidação no Brasil, assim sendo juntei o útil ao agradável.

Conforme planejado, no dia 26/02 embarcamos para Madrid no tradicional voo da Air Europa (UX 081) e, posteriormente de ônibus até a cidade de Burgos, chegando lá por volta das 15h30. Fomos direto para o hotel (Hotel Abadia Carmino de Santiago), onde nos instalamos e logo em seguida fui (a Kenya ficou no hotel) à Universidade para pegar o diploma, conforme combinado, pois, a pedido de Concesa, alguém me atenderia fora do expediente normal. Ao retornar, já com o diploma em mãos, passei na Faculdade de Ciências, para ver a professora Concesa, mas não a encontrei. Mais tarde, nos encontramos com ela no Hotel, conversamos um pouco e saímos para comer algo.

No dia seguinte, 27/02 (sexta-feira), dia da *"Fiesta de la Universidad"* acordei cedo pois havia combinado com a chefe do protocolo (Marisa) para nos encontrarmos antes da cerimônia. Lá chegando, ela me passou as devidas instruções e solicitou a uma *"nueva doctora"*, Elena (oradora da turma) que me conduzisse ao *"Salón de Actos"* para colocar o traje acadêmico com o qual participaria da solenidade, e assim ocorreu.

Às 12h30 pontualmente, deu-se início a solenidade com a entrada dos doutores antigos, seguidos do reitor da universidade, vice-reitor, secretários e mestre de cerimônia, que após a instalação do ato solene foi designado para buscar os novos doutores, que adentraram no auditório (Aula Magna) em fila dupla ao som de cânticos entoados por um coral. Foi uma solenidade muito bonita. Para nós brasileiros, diferente, uma vez que coisa semelhante normalmente ocorre aqui no Brasil em formaturas de cursos de graduação, não de pós-graduação.

Como toda solenidade de conclusão de curso, houve juramento, discurso da oradora da turma (Elena), do padrinho, além da saudação do Reitor aos novos doutores. Antes dessas falas, porém, houve uma espécie de colação de grau, com a entrega, pelo reitor, do diploma (não oficial), do *"Birete"* (chapéu de formatura) e das luvas brancas. Tudo isso entremeado por cânticos e aplausos. Assistiram a toda solenidade a professora Concesa e a minha esposa Kenya que filmou e fotografou partes do evento. Após a saída solene de toda a comitiva juntamente aos novos doutores fomos agraciados com um coquetel na cantina da Faculdade de Direito. Ficamos lá um pouco e depois fomos almoçar a convite de Concesa.

Figura 3 – Certificado

Fonte: o autor

    Mais uma vez brindamos o doutorado, dessa feita eu, Kenya e Concesa no já conhecido "Asador Azafra", muito bom. Para variar comi *"cordero lechazo"*, enquanto que elas optaram por comer bacalhau. *"Por la noche"*, a convite de Concesa, fomos ao seu apartamento e lá, na companhia de duas de suas amigas, ficamos a comer e beber um bom vinho. Foi muito bom, inesquecível!

    No sábado (28) nosso plano seria conhecer a cidade de Toledo ficar até domingo e de lá ir para Madrid, mas mudamos de plano tendo em vista a nossa locomoção nesse trajeto com bagagens, além do estado gripal de Kenya. Resolvemos, portanto, ir direto para Madrid no domingo e, sendo assim, ficaríamos um pouco mais em Burgos durante o sábado aproveitando para (re)conhecer alguns lugares, passear e matar a saudade daquela cidade que por tanto tempo soube me acolher.

    Na manhã de domingo (29), após tomarmos café, saímos do hotel e fomos andando até o ponto de ônibus, passamos do ponto e continuamos a andar, andar e terminamos completando o trajeto até o centro da cidade, a pé. Um passeio gostoso, revisitando os locais por onde já havíamos passado. No centro, aproveitamos para conhecermos o "Museo de la Evolución Humana". Depois fomos ao "Al Campo" (centro comercial e supermercado) e por lá almoçamos.

À noite convidei Kenya para reviver um momento marcante que em outra oportunidade tivemos em Burgos, um jantar no "L'aruz", um restaurante especializado em risotos, situado na praça da Catedral. Foi uma oportunidade para juntos revivermos aquele belo momento, repetindo um jantar a dois como naquela oportunidade. Sem dúvidas, um grande momento, muito bom, só não foi melhor devido ao estado de gripe de Kenya ter piorado por conta da exposição ao frio durante o passeio diurno.

No domingo (01/03), mesmo com a Kenya tendo piorado, viajamos para Madrid, chegamos por volta das 15h e fomos de metrô até o Hotel Europa que ficava nada mais nada menos na "Puerta del Sol", um dos principais cartões de visita da cidade, no centrão de Madrid. Em Madrid, a nossa principal missão era legalizar a documentação (diploma e histórico).

No dia seguinte, segunda-feira (02/03), acordei cedo, como a Kenya não havia melhorado, eu fui sozinho resolver os trâmites de legalização dos documentos junto aos ministérios dos Assuntos Exteriores e da Educação. Consegui resolver quase tudo, ficando para o dia seguinte apenas o Consulado Brasileiro, uma vez que fui recomendado a ir também ao Ministério da Justiça e, por conta disso, quando cheguei no consulado, ele já estava fechado.

Na terça-feira (03/03), portanto, fui ao consulado para concluir o processo, oportunidade em que conheci um belo espaço de shows e eventos, chamado "La Plata" e, aproveitando que Kenya havia melhorado um pouco, à noite fomos até lá.

Mesmo com a persistência da gripe (com aspectos de sinusite) e muita dor de cabeça, na quarta-feira a Kenya topou ir conhecer a cidade de Toledo. Um belo passeio de trem que valeu a pena, Toledo é uma cidade muito linda. Nesse mesmo dia a noite conforme tínhamos planejado, fomos a um show de Jazz no "Café Central" uma tradicional casa noturna (33 anos) de Madrid assistir "Recal Muto", simplesmente um excelente sexteto de jazz.

O último dia (05/03) da nossa estada em Madrid ficou reservado para algumas comprinhas, arrumação da bagagem e retorno ao Brasil. Apesar do estado de saúde Kenya, podemos dizer que foi uma boa viagem, um bom passeio a dois. Da parte burocrática fiz tudo que deveria ter feito e, na medida do possível curtimos um pouco das cidades por onde passamos. Aliás, mesmo tendo em vista o problema de saúde de Kenya e o pouco tempo de estadia, foi uma boa oportunidade que tivemos de conhecer melhor Madrid, uma vez que na maioria das oportunidades que por lá estive, muito pouco conheci, era só de passagem para Burgos.

Após esses dias de Espanha, num misto de comemoração, passeios e processos administrativos, retornamos ao Brasil. Os dias que lá passamos, mais precisamente em Burgos e Madrid, foram bastante produtivos, tudo que planejamos, fizemos menos alguns programas turísticos e diversões, devido à saúde da minha esposa e companheira de viagem, Kenya.

O RECONHECIMENTO DO TÍTULO NO BRASIL

Tendo em mãos a documentação (diploma e histórico) do doutorado devidamente autenticada, iria agora inaugurar outro processo, o de tornar válidos esses documentos em território brasileiro, para posteriormente entrar com o pedido de progressão de carreira (de assistente para adjunto) junto à Universidade Estadual de Feira de Santana (Uefs).

O primeiro passo foi providenciar a tradução juramentada dos documentos para em seguida aguardar o período estipulado pela Universidade Federal da Bahia (UFBA) para o recebimento de processos de diplomas estrangeiros para efeito de validação no Brasil, assim o fiz. Com a aproximação da data de início da inscrição, entrei no "site" da UFBA e, para minha surpresa, havia uma resolução suspendendo, por tempo indeterminado, esse tipo de serviço.

Diante desse fato, tratei de buscar alternativa, ou seja, procurar outra universidade que fizesse o procedimento de validação, lembrando que muitas outras instituições, além da UFBA, também haviam suspendido esse tipo de serviço ou não o faziam. Fiz algumas tentativas, mas sem êxito, foi quando me lembrei de que alguns colegas do Pidec haviam feito esse tipo de procedimento na Universidade Federal do Pará (UFPA).

Fiz contato com o devido setor da UFPA e, com base nas informações, tratei de enviar por e-mail, em junho de 2015, a documentação exigida, além de fazer o pagamento da primeira taxa. A partir daí, fiquei no aguardo dos trâmites internos da instituição que iria desde a avaliação da documentação até a análise do texto da tese por uma comissão de especialistas (doutores) da área de Ensino de Ciências dessa universidade.

Tendo conhecimento da morosidade de processos como esse, resolvi fazer contato com um professor da UFPA, que também fez o Pidec e validou seu diploma por meio dessa instituição. Tratava-se do professor Jesus Brabo, muito conhecido da minha amiga e colega de doutorado, Tânia Roberta da Universidade Estadual do Pará (Uepa). Conversei com o Prof. Jesus e fiquei no aguardo do que ele poderia fazer, uma vez que possivelmente faria parte da comissão que analisaria o processo.

A princípio, teria certa pressa no resultado da validação, tendo em vista que o tempo de carência dado pela Uefs para apresentação do diploma validado (foi apresentado e aceito o certificado de conclusão do curso com carência de um ano), mas, vencido o prazo, fui informado que o diploma, mesmo sem ser validado, agora estaria sendo aceito uma vez que já havia sido aceito pela Uefs diplomas de doutorado de outras universidades espanholas, sem validação no Brasil.

Mesmo não tendo mais a necessidade providenciar o tal reconhecimento do título em território brasileiro, para fins de progressão de carreira junto a Uefs, o processo seguiu em andamento na UFPA. Em 14 de outubro de 2016 saiu a seguinte Resolução (n.º 4862), que no seu artigo 1º diz: "Fica aprovado o Reconhecimento do Título de Doutor em Ensino de Ciências, conferido a Antonio Jorge Sena dos Anjos pela Universidade de Burgos – Burgos, Espanha". Para concluir o processo, a UFPA apenas aguarda que lhe seja entregue o diploma original, o que a qualquer momento deveria fazê-lo. Agora, nos restaria aguardar, numa longa fila, a posição do governo do estado da Bahia quanto ao deferimento do meu pedido de progressão de carreira (Assistente para Adjunto) junto à Uefs.

CAMINHO XI

UMA CAMINHADA DE ESPERANÇA, FÉ E CONFIANÇA

Na condição de cristão católico, em toda minha vida, sempre busquei a presença de Deus em quase tudo aquilo que faço, seja nas coisas de ordem pessoal, na família, no trabalho e, como não poderia ser diferente, também nos estudos. E mais, trata-se de uma relação antiga e que se estreita a cada dia, sobretudo nos momentos de angústia e dificuldades, e é justo nesses momentos que me sinto mais próximo ou até mesmo sendo carregado por Ele.

É verdadeiramente sublime e prazeroso saber que você pode contar com Alguém e ter a certeza de que irá se sentir seguro, protegido e amparado. E foi sempre assim a minha confiança em Deus, desde criança até os tempos atuais. Ter o Espírito Santo de Deus como meu guia e protetor e Jesus Cristo como meu grande exemplo e modelo de vida, sempre foi o meu lema, sempre foi a minha certeza, meu conforto.

Na difícil e árdua caminhada desses anos de doutorado, pude sentir e perceber essa minha íntima comunhão com Deus. Imaginava ser um caminho difícil, mas confesso que fui surpreendido com o nível de exigências e dificuldades e, não só, mas também devido a essas dificuldades a necessidade da sintonia com o Pai se tornava cada vez maior.

Sendo assim, ao longo da minha permanência no curso, nas minhas idas e vindas e, sobretudo nos momentos de dificuldades, tristezas e angústias, eu sempre buscava forças no Supremo. As minhas orações, entregas e pedidos de proteção se davam quase que diariamente, era (e continua sendo) o Espírito Santo de Deus o meu guia e a minha proteção.

Entre os vários momentos de grande aflição e consequente necessidade de entrega, destaco um bastante emblemático, ocorrido em Burgos, na fase da escrita dos Estudos contendo as análises dos resultados. Eram cinco Estudos a serem escritos, decorrentes da pesquisa de campo realizada, em classes distintas de escolas de ensino médio, sendo o primeiro deles um estudo piloto testado e adequado para os quatro estudos futuros.

Em um dos meus encontros com a minha orientadora, professora Concesa, em Burgos, tivemos a oportunidade de juntos, discutirmos e avaliarmos a qualidade e pertinência do trabalho escrito para o segundo Estudo. Diante do aval de Concesa, considerei este Estudo como referência para escrever os demais, uma vez que de um Estudo para outro a única diferença era o grupo social. Assim sendo, continuei os demais estudos tomando este como base.

Combinei com Concesa que assim que concluísse a escrita dos demais Estudos, os enviaria e marcaríamos um novo encontro em Burgos. Assim o fiz, escrevi os Estudos restantes (Estudos III, IV e V), e ao final de 2012 os enviei para ela, marcando para fevereiro de 2013 o nosso encontro em Burgos.

Cheguei em Burgos carregado de grande expectativa, uma vez que aqueles escritos enviados tinham como referência o Estudo II que já havia passado pelo crivo de Prof.ª Concesa e, logicamente, os demais estudos também seriam "aprovados". Logo no nosso primeiro dia de conversa em seu gabinete percebi que a minha expectativa havia sido frustrada, uma vez que existiam problemas naquele (Estudo II) que servira de referência para os demais. Em outras palavras, tudo que eu havia feito estava inadequado, não havia sido "aprovado" por Concesa e, assim sendo, muita coisa precisaria ser refeita.

Ante a essas constatações, entrei em desespero ao ponto de, em lágrimas, falar para Concesa em desistir do curso, o que ela ponderava chamando-me a atenção para o fato do momento avançado em que eu me encontrava no curso e que não tinha sentido a minha desistência.

Após a conversa, voltei para o hotel, muito sentido, muito frustrado e certo de que não estaria disposto a dar prosseguimento com o curso. Sozinho no meu quarto, longe de casa e da minha família por um longo tempo fiquei a pensar sobre toda aquela inesperada situação em que eu estava envolvido. Em meio a tudo isso, fiquei a pensar o que faria durante esses dias em Burgos, uma vez que eu estava decidido a não continuar com o curso. Fazer farra todos dias para esquecer? Viajar para conhecer outras cidades? Antecipar a viagem de retorno para o Brasil? Por outro lado, ficava também a refletir de que adiantaria decisões como essas, me ajudaria de alguma forma? Resolveria ou amenizaria o meu problema?

Por um bom tempo fiquei acordado, parecia que não iria dormir naquela noite. Ao acordar, e enquanto cumpria os rituais matutinos de sempre, lembrei-me de duas coisas: uma delas é que não faz parte da minha trajetória de vida começar algo e deixá-lo pelo caminho, a outra é que diante de situações difíceis, sempre as entrego nas mãos de Deus. Com base nessas premissas que carrego comigo ao longo da vida, resolvi colocá-las em prática e, assim sendo, comecei a mudar de ideia e assumir dar continuidade ao curso de doutorado, entregando nas mãos de Deus essa minha decisão.

Durante esses dias em Burgos, basicamente fiz duas coisas. Uma delas foi orar, pedindo ao Espírito Santo de Deus a Sua proteção, amparo e sabedoria na condução dos meus estudos visando a melhoria do trabalho de tese. A outra, foi encarar de frente e com determinação e muito estudo a nova realidade a que estava submetido. Dessa forma, além de triste e preocupado, completei os meus dias de Burgos.

De retorno ao Brasil, eu não conseguia (por mais que eu tentasse) esconder o meu desânimo, a minha desilusão e preocupação com tudo aquilo que me ocorrera em Burgos. Vendo-me abatido daquela forma e ainda não totalmente certo da minha decisão, a minha esposa, Kenya, me disse o seguinte: "essa possibilidade de abandonar o curso não combina com você, não faz parte do seu perfil, pense".

A Kenya pode não ter percebido, mas aquelas palavras foram fundamentais para pensar em possibilidades de dar continuidade ao curso e, pensando assim, me ocorreu a ideia de ir a Porto Alegre-RS ao encontro do meu coorientador, Prof. Marco Antonio Moreira, e conversar com ele sobre toda a situação ocorrida em Burgos. E assim o fiz.

Fiz contato com o professor Moreira, comuniquei-lhe sobre o ocorrido em Burgos e solicitei dele uma data para nos encontrarmos. Após verificar sua concorrida agenda, ele me disponibilizou três períodos que de imediato optei pelo primeiro.

Tudo acertado, fui a Porto Alegre (POA) e, lá chegando, me alojei no hotel e logo me dirigi ao encontro com o professor, no seu gabinete no Instituto de Física da Universidade Federal do Rio Grande do Sul. Lá chegando, fui muito bem recepcionado e acolhido durante os dias que lá estive. Conversei com ele sobre tudo que ocorrera, da minha preocupação e possíveis decisões. Ele me ouviu atentamente e, ao final da conversa, solicitou todo material que eu tinha escrito sobre a tese.

Na manhã do dia seguinte, no nosso segundo dia de encontro, o professor Moreira trouxe de volta o trabalho com algumas críticas e comentários que não só me fizeram retomar o trabalho como também me proporcionaram uma renovação de ânimo e de autoconfiança. Posso afirmar com toda certeza que esses dias em POA funcionaram para mim como um bálsamo, além de mostrar a certeza de que eu era capaz e que deveria continuar com o meu trabalho de tese, rumo à defesa. Gostaria, aqui, de registrar a atenção e dedicação em tempo quase que integral do professor Moreira durante os dias de encontros e de ensinamentos. Obrigado, professor, sua intervenção naquele momento foi decisiva e de fundamental importância para a minha continuidade e encaminhamento no doutorado.

Tenho a convicção que essa ideia do encontro com o Prof. Moreira e as próprias conversas, ações e decisões emanadas desse encontro foi mais uma obra de Deus em minha vida. Digo isso, por dois motivos: o primeiro foi o de conseguir esse encontro (com o professor Moreira) de três dias com relativa facilidade; o segundo foi poder contar com a sua presença quase que integral durante esses dias. Digo mais, ao longo desses anos de curso nunca estive tão assistido pelo professor como dessa vez. Certamente, para quem acredita, foi obra de Deus.

Outro fato que eu gostaria de compartilhar com você, leitor, foi a presença marcante de Nossa Senhora, em minha vida. Em uma das vezes (creio que na Semana de Pesquisa de 2013 em POA, que nos encontramos) eu e a colega Tânia Roberta do Pará, recebi dela duas lembrancinhas de presente, um terço feito com sementes de açaí e um CD de Fafá de Belém. Achei o terço interessante e diferente pelo fato de ser desse fruto, e quanto ao CD, fiquei curioso para ouvir o seu conteúdo. Agradeci pelos presentes e trouxe-os comigo no retorno a minha cidade.

Um certo dia, algum tempo depois, resolvi escutar a única música que tinha no CD. Tratava-se de uma composição do Pe. Fábio de Melo, lindamente interpretada por Fafá de Belém. Uma canção que falava do Sírio de Nazaré (a maior festa religiosa do Brasil) e a relação de fé do povo paraense com Nossa Senhora de Nazaré. Não sei porque (ou sei) essa música me tocou profundamente, tanto ouvia reiteradas vezes quanto mostrava para outras pessoas, amigos e familiares. Na verdade, trata-se de bela e inspirada canção. Segue a letra.

EU SOU DE LÁ

Pe. Fábio de Melo/Fafá de Belém

Eu sou de lá
Onde o Brasil verdeja a alma e o rio é mar
Eu sou de lá

Terra morena que amo tanto, meu PARÁ
Eu sou de lá
Onde as Marias são Marias pelo céu
E as Nazarés são germinadas pela fé
Que irá gravada em cada filho que nascer
Eu sou de lá
Se me permite já lhe digo quem sou eu
Filha de tribos, índia, negra, luz e breu
Marajoara, sou cabocla, assim sou eu
Eu sou de lá
Onde o menino Deus se apressa pra chegar
Dois meses antes já nasceu, fica por lá
Tomando chuva, se sujando de açaí
Eu sou de lá
Terra onde outubro se desdobra sem ter fim
Onde um só dia vale a vida que vivi
Domingo santo que eu não posso descrever
Pois há de ser mistério agora e sempre
Nenhuma explicação sabe explicar
É muito mais que ver um mar de gente
Nas ruas de Belém a festejar
É fato que a palavra não alcança
Não cabe perguntar o que ele é
O Círio ao coração do paraense
É coisa que não sei dizer
Deixa pra lá.

Como não poderia ser diferente e tocado profundamente pela canção, em 15 de maio de 2014, passei uma mensagem via e-mail para a colega Tânia agradecendo esse belo presente que ela me ofertou e que só depois de algum tempo eu viria a descobrir.

"Olá, Tânia!
Paz e bem para vc e familiares.
Como vão as coisas por aí? E o Enas, muito trabalho? Estarei por aí, se Deus quiser. Inclusive, minha defesa de tese poderá ocorrer durante o evento, mas não comenta com alguém sobre isso.
Na verdade, estou te escrevendo para agradecer e falar da minha emoção todas as vezes que ouço aquele CD (música do Pe. Fábio de Melo/Fafá de Belém) que vc me presenteou.
Não sou do Pará (imagina se fosse), mas cada vez que ouço fico muito emocionado, a música é linda e consegue retratar muito bem essa "nação" paraense

e o que representa para todos vcs o Sírio de Nazaré. Certamente, foi uma divina inspiração do Pe. Fábio.

Vc pode achar estranho essa minha atitude depois de tanto tempo, mas há tempos que eu estava para te falar isso.

Obrigado pela nossa amizade, obrigado por esse belo presente.

A Kenya também agradece. Assim como eu, ela adorou.

Um forte abraço."

Em resposta, a Tânia me enviou a seguinte mensagem:

"Amigo Querido,

Por aqui está tudo bem, graças a Deus! O ENAS será um acontecimento importante aqui na UEPA, no Centro de Ciências Sociais e Educação, faremos o (im)possível para que tudo saia nos "conformes". Uau, seria o máximo!!! Tua defesa! Pode deixar sou um túmulo, sei guardar segredos :-) Agradeço a confiança.

É muito bom saber, muito mesmo, que gostaste do CD da Fafá e, também, que a Kenya gostou. Na verdade, pela forma como fui acolhida no Pará, já não me sinto Pernambucana da gema e sim uma forma híbrida chamada de Parabucana. Tudo o que envolve Maria me emociona. O Padre Fábio tem uma forte ligação com Belém, com o Círio de Nazaré e esta é a segunda música que ele compõe para o evento. Pela importância do evento (Círio) e pelo carinho que tenho por ti e pela Cláudia, achei que era a melhor forma de demonstrar este sentimento e de presentear.

O sentimento e o respeito são recíprocos. Um grande abraço para ti e toda família."

Ao longo de toda minha permanência no curso, nas minhas idas e vindas, nos lugares onde estive, nas relações com as pessoas, nos momentos de felicidades, alegrias e conquistas, nas dificuldades, angústias e decepções, sempre estive atento e amparado pela presença do Senhor Deus em minha vida. Como diz o Salmo 18,2 "O Senhor é o meu rochedo, e o meu lugar forte, e o meu libertador; o meu Deus, a minha fortaleza, em quem confio; o meu escudo, a força da minha salvação, e o meu alto refúgio".

Concluindo, posso afirmar que a presença de Deus em minha vida foi (e sempre será) um marco, uma constante. Ser abençoado por Deus e guiado pelo Espírito Santo, para mim foi (e sempre será) um privilégio. Obrigado, Senhor!!!

ATALHOS

Aqui nesta obra, denominamos de "ATALHOS" todas aquelas atividades que aconteceram em decorrência dessa minha caminhada nos anos em curso no Programa Internacional de Doutorado em Ensino de Ciências (Pidec) da Universidade de Burgos. Portanto, as nossas participações em eventos científicos – Semana de Pesquisa (SP) do Pidec, Encontros (nacional e internacional) sobre Aprendizagem Significativa, Encontro Nacional de Educação em Ciências (Enec), Encontro Ibero-americano sobre Investigação em Ensino de Ciências (Eibiec); os momentos de diversão e lazer, com viagens e passeios realizados em solo europeu, além, é claro, as amizades construídas ao longo desse longo período de convivência.

Posto isso, passemos aos "ATALHOS" que compõem os relatos a seguir e que falam um pouco das minhas experiências decorrentes dos encontros e desencontros ocorridos, cujas vivências me proporcionaram momentos de trocas, construções e significativos aprendizados.

ATALHO 1: A SEMANA DE PESQUISA DO PIDEC

Trata-se de um evento anual de cunho científico promovido pelo Programa Internacional de Doutorado em Ensino de Ciências (Pidec) da Universidade de Burgos/Espanha, oferecido no âmbito de um convênio com a Universidade Federal do Rio Grande do Sul (UFRGS/Brasil) e sempre realizado nas dependências do Instituto de Física dessa universidade, na cidade de Porto Alegre-RS. A Semana de Pesquisa (SP) tem por finalidade "fomentar a interação e discussão acadêmica entre doutorandos, professores e diretores de teses do Programa. Além disso, espera-se contar com a participação de pesquisadores externos ao Programa que possam, através de suas sugestões e críticas, contribuir para o melhor desenvolvimento dos projetos de pesquisa".

Segundo ainda a organização do evento, poderia, também, ocorrer a participação de doutorandos de outros programas, dentro da mesma ideia de que tenham um espaço para apresentar e receber sugestões e críticas para o melhor andamento dos seus projetos. Quanto aos doutorandos do Pidec, a participação era totalmente voluntária.

Além da realização de palestras e trabalhos apresentados pelos doutorandos, exames de qualificação e defesas de dissertações e teses do Programa de Pós-Graduação em Ensino de Física da UFRGS, compunham a programação da SP, que via de regra contava com a participação e o apoio de pesquisadores convidados brasileiros e estrangeiros.

Desde que entrei no Pidec, sempre fui notificado sobre a realização da Semana de Pesquisa (SP), podendo dela participar apresentando ou não trabalhos de pesquisa. Sendo assim, minha primeira participação ocorreu na quarta edição deste evento, em dezembro de 2006, oportunidade em que participei apenas como ouvinte, sem apresentação de trabalho, já no ano seguinte, a minha participação se deu com apresentação de trabalho. A partir deste ano, a SP passou a fazer parte da minha agenda, tendo frequentado quase todas até o ano de 2013.

Considerado como um evento de socialização de saberes que, de forma interativa, fomentava a possibilidade de críticas, comentários e sugestões, as SP foram para nós, doutorandos do Pidec, particularmente para mim, um espaço coletivo de saudáveis trocas e de construções saberes, contribuindo sobremaneira para o nosso caminhar, tanto nosso trabalho docente como na pesquisa em Ensino de Ciências.

Nesses anos de Pidec, participei de várias *Semanas* e em quase todas apresentando resultados do andamento do meu trabalho de pesquisa. A minha primeira participação com trabalho ocorreu na quinta edição (03 a 07/12/2007) desse evento, oportunidade em que apresentei o trabalho intitulado "A aprendizagem em Física sob o ponto de vista do significado atribuído pelos estudantes às equações matemáticas" (ANJOS, CABALLERO e MOREIRA, 2007), compreendendo alguns resultados da fase exploratória da nossa investigação.

No próximo ano (2008), voltei a participar da Semana de Pesquisa, na sua quarta edição, quando apresentei um trabalho, embora com o mesmo título da apresentação anterior, constituía-se em uma versão mais completa. Como a minha orientadora, a professora Concesa não foi a Porto Alegre dessa vez, resolvi escrever para ela comentando sobre os fatos decorrentes da minha apresentação, nos seguintes termos:

"Olá, Concesa. Como já havia falado, minha apresentação aconteceu na quinta-feira mesmo, sendo a penúltima da tarde. Esperava receber mais contribuições (críticas, comentários,...), o que não aconteceu, até porque tinha algumas pessoas, principalmente da Física, ausentes, como Iramaia, Rita Otero, Osterman, Sayonara, entre outros, além de Moreira que só assistiu a parte inicial. Mesmo assim as pessoas fizeram algumas colocações, tais como a falta de aporte teórico no tratamento dos dados, ou seja do marco teórico do trabalho pouco usado na análise dos dados. O que não foi surpresa para mim, pois já havia comentado contigo sobre essa dificuldade. No dia seguinte, o Moreira marcou para conversar comigo. Conversamos no final do evento, depois que acabou tudo. Nessa conversa coloquei para ele algumas inquietações, entre elas a de abandonar a teoria dos Modelos Mentais e ficar apenas com a TAS e Campos Conceituais, pois não via como identificar modelos mentais nos dados coletados. Creio ser mais viável identificar possíveis Invariantes operatórios. O Moreira também concordou com a ideia de ficar só com as duas teorias, a TAS e C.C, pra esse trabalho ele acha que é bastante. Você concorda? O que vc me diz disso? Conversamos também sobre a proposta de trabalho para intervenção didática e ele me falou para eu tentar ver se consigo alguma luz na modelagem matemática, visto que, como falei para ele, meu objetivo é propor uma estratégica metodológica de ensino, na qual as equações matemáticas não sejam descartadas e sim ressignificadas. Concorda? Diga me alguma coisa sobre isso. Qual a sua opinião? Concesa, vou encerrar por aqui e gostaria muito de suas considerações sobre tudo que coloquei aqui e te dizer que ainda estou com dificuldades em tratar os dados à luz das

teorias. Continuo trabalhando com intuito de concluir num prazo máximo de um mês. Abraços".

Dias depois, em 15/12/08, recebi e-mail da professora Concesa, em espanhol, como sempre, com a seguinte mensagem:

"Hola Jorge: Concuerdo contigo en la percepción de los comentarios y sugerencias que recibiste despues de la apresentación del trabajo en el Seminario de Investigación en POA. Las sugerencias respecto a la utilización del marco teórico en el análisis de los datos, era una de las inquietudes que teniamos y ya habíamos constatado que estaba deficiente. Por tanto vamos a intentar completarlo mas. En relación a la propuesta que hablaste con Moreira, sobre la posibilidad de centrarte en el marco teórico en las teorías de la TAS y campos conceptuales, concuerdo plenamente, pues me parece muy difícil investigar modelos mentales, con los datos que tenemos. Para el trabajo de investigación de la Suficiencia, está muy bien dejar así centrado el marco teórico en esos dos referentes, siempre con la posibilidad de abrir nuevos horizontes en la medida en que los resultados de la investigación, lo requieran. ¿ te parece? Una idea que encuentro óptima, es la de centrar la alternativa metodológica, introduciendo el modelage en matemáticas; pienso que podemos consultar con Ives o con Eliane Veit para que nos orienten, ¿tienes alguna idea al respecto? ¿te parece bien esta idea para el futuro de la Tesis? Por el momento con el trabajo que tienes, profundizando en el análisis de los datos, intentando hacerlo a la lus de los referentes teóricos, creo es suficiente para presentar en la Suficiencia Investigadora. Espero tus noticias. Un abrazo. Concesa Caballero".

Essa troca de mensagens é uma pequena amostra de como se dava a nossa relação de orientador e orientando ao longo de todo o curso. Embora a Concesa estivesse ausente dessa Semana, fato que ocorreria outras vezes, a troca de mensagens via e-mail funcionava muito bem para o andamento dos trabalhos de pesquisa.

No ano seguinte (2009), por alguma razão, eu não participei da VII Semana de Pesquisa, tendo voltado a participar da oitava edição, em (2010) quando na oportunidade apresentei as minhas intenções para pesquisa de campo no projeto de tese: "O papel das equações matemáticas, aprendidas de maneira significativa, nos processos de ensino e aprendizagem em Física: o caso da quantidade de movimento e sua conservação" (ANJOS, CABALLERO e MOREIRA, 2010). Como sempre, muitos comentários e sugestões foram feitos e acatados para efeito de análise e reflexão juntamente aos meus orientadores.

Em 2011, na IX Semana de Pesquisa, a minha participação se deu com a apresentação de trabalho sob o título: "O papel das equações matemáticas, aprendidas de maneira significativa, nos processos de ensino e aprendizagem em Física: o caso da quantidade de movimento e sua conservação" (ANJOS, CABALLERO e MOREIRA, 2011). Nessa apresentação, tratei de mostrar o andamento da nossa pesquisa de campo, inclusive esboçando resultados de algumas intervenções já realizadas, além de outros elementos (revisão de literatura, referencial teórico e marco metodológico...) que compunham o trabalho, itens bem delineados e em estágio avançado.

No ano de 2012, realizou-se a X Semana de Pesquisa conjuntamente ao IV Encontro Ibero-americano sobre Investigação em Ensino de Ciências (Eibiec), nesse duplo evento a apresentação do nosso trabalho "As equações matemáticas nos processos de ensino e aprendizagem em Física: o caso do momento linear e sua conservação" (ANJOS, CABALLERO e MOREIRA, 2012), contou com um material mais consistente e com mais resultados, afinal estávamos nos aproximando da conclusão do trabalho de tese.

Em 2013, nossa última participação nas SP, apresentamos o mesmo trabalho "As equações matemáticas nos processos de ensino e aprendizagem em Física: o caso do momento linear e sua conservação" (ANJOS, CABALLERO e MOREIRA, 2013), sendo dessa feita um trabalho de pesquisa praticamente concluído para efeito de defesa de tese. Como sempre, também nessa apresentação, comentários, críticas e sugestões ocorreram, mas muito mais no sentido de contribuir para conclusão da tese e a consequente defesa no ano seguinte.

Não só para mim, como também para tantos outros colegas, cada participação na Semana de Pesquisa, com ou sem apresentação de trabalhos, se constituía em um espaço potencialmente significativo para grandes aprendizagens. Seja por meio das *"phonencias"* (palestras) dos professores doutores, dos trabalhos apresentados pelos nossos colegas doutorandos, dos encontros individuais com colegas, professores e orientadores, ou até mesmo nos horários de cafezinhos e refeições, as SP nos oportunizaram momentos de estudos, reflexões e aprendizagens, ricos e por vezes determinantes para o andamento dos nossos trabalhos no doutorado.

Sendo assim, posso assegurar que a Semana de Pesquisa (SP) cumpriu com a sua finalidade, na medida em que buscou fomentar a interação e discussão acadêmica entre doutorandos, professores, diretores de teses do Pidec e pesquisadores externos ao Programa, que, com as suas sugestões e críticas, de alguma maneira puderam contribuir para melhoria da elaboração e desenvolvimento dos nossos projetos de pesquisa, em especial do meu.

Não poderia deixar de registrar, também, os momentos socioculturais proporcionados pelo evento. Agradáveis e descontraídos encontros noturnos que ocorriam em alguns bares e restaurantes da cidade de Porto Alegre e que se constituíam em verdadeiras oportunidades de trocas, compartilhamento de ideias, estreitamento de amizades e construção de novas relações.

Por conta dessas idas a Porto Alegre, tive a oportunidade também de conhecer mais de perto essa cidade, seu povo, seus costumes, sua cultura, sua tradição. Foram momentos e oportunidades de apreciar e ampliar o meu conhecimento sobre essa bela capital do importante estado do Rio Grande do Sul.

ATALHO 2: OS ENCONTROS NACIONAL E INTERNACIONAL DE APRENDIZAGEM SIGNIFICATIVA

Neste Atalho, quero me referir aos Encontros Nacional e Internacional sobre aprendizagem significativa, particularmente daqueles que tive a oportunidade de participar. Esses encontros têm como objetivo a "apresentação e discussão de estudos fundamentados na Teoria da Aprendizagem Significativa (TAS), bem como fomentar a interação entre investigadores e professores".

O Encontro Nacional de Aprendizagem Significativa (Enas) surgiu em decorrência do compromisso firmado por educadores e pesquisadores brasileiros em aprofundar e disseminar os estudos sobre a TAS. Sua primeira edição ocorreu na cidade de Campo Grande (Mato Grosso do Sul), no ano de 2005, tendo realizado sua quinta edição em setembro de 2014, na cidade de Belém, Pará.

Quanto ao Encontro Internacional de Aprendizagem Significativa (Eias), realizou-se pela primeira vez em 1992, na Universidade de Cornell, nos Estados Unidos, visando à divulgação da Teoria e de estratégias facilitadoras da aprendizagem significativa. O Eias, assim como o Enas, tem ocorrido regularmente, e sua edição de 2015 ocorreu, de forma conjunta com o Eibiec, em julho desse ano na cidade de Burgos, Espanha.

Foi justamente por conta do Pidec que tomei conhecimento desses encontros e, sempre que possível, passei a frequentá-los com certa regularidade. A minha primeira participação foi no II Enas, em 2008, na cidade de Canela, Rio Grande do Sul, dessa feita apenas na condição de ouvinte, mas tendo participado de toda a programação do evento, assistindo aos minicursos, palestras, comunicações orais, painéis, além da celebração comemorativa dos 40 anos de vida universitária do professor Marco Antonio Moreira. Nessa edição do Enas, acompanhado da minha esposa Kenya, tive a oportunidade de conhecer novos colegas, professores, pesquisadores e estudiosos da Teoria da Aprendizagem Significativa.

Em 2010 na cidade de São Paulo-SP, houve a realização de um duplo evento, o 3º Enas e o VI Eias, oportunidade em que apresentei, em forma de painel, o trabalho intitulado: "As Equações Matemáticas no Ensino e Aprendizagem da Física: o ponto de vista de professores e estudantes" (ANJOS, CABALLERO e MOREIRA, 2010), fruto dos estudos realizados na fase exploratória da nossa investigação no doutorado.

O IV Enas foi realizado em junho de 2012, na cidade de Garanhuns, Pernambuco. Dessa edição eu não participei oficialmente devido a compromissos assumidos na minha cidade, mas me fiz presente em alguns dias, tendo em vista um encontro marcado com a minha orientadora, professora Concesa Caballero, que teria vindo da Espanha para participar do evento. Participei um pouco da programação, mas a razão maior da minha ida e foco do meu interesse era a conversa com Concesa.

Em 2014, ano em que defenderia a minha tese de doutorado, fui informado que faria a tal defesa aqui no Brasil, aproveitando a realização do 5º Enas, no mês de setembro, em Belém, Pará. Como já havia um trabalho nosso, "As equações matemáticas no ensino de Física: análise dos livros didáticos de Física para o Ensino Médio e suas implicações na aprendizagem significativa dos conteúdos" (ANJOS, CABALLERO E MOREIRA, 2014), aceito para Comunicação Oral, juntei uma coisa à outra e participei de toda programação do evento.

No ano seguinte, em julho de 2015, realizava-se na cidade de Burgos, Espanha o VII Eias, dessa vez em conjunto com o VII Eibiec, oportunidade em que apresentei dois trabalhos, um deles relacionado com a tese (defendida em 2014) "As Equações Matemáticas nos Processos de Ensino e Aprendizagem em Física: o caso do momento linear e sua conservação" e outro, "Movimentação Olímpica: uma prática pedagógica interdisciplinar e inovadora" (ANJOS, ANJOS E NEVES, 2015), que se constituíra num relato de experiência de um projeto institucional desenvolvido no Colégio Gênesis, em Feira de Santana, Bahia, no qual eu sou diretor geral.

Para mim, como docente e pesquisador, esses encontros (Eias e Eias) foram (e continuam sendo), eventos que muito contribuíram tanto para o desenvolvimento da minha pesquisa, que tem a *Teoria da Aprendizagem Significativa* como um dos referentes teóricos que compõem o marco teórico do meu trabalho, como também na minha visão de educador e, diretamente, nas minhas ações de professor em sala de aula. Continuo e certamente continuarei participando desses encontros, sempre que possível.

ATALHO 3: O ENCONTRO NACIONAL DE EDUCAÇÃO EM CIÊNCIAS EM PORTUGAL (ENEC)

Além dos eventos até aqui citados, também por conta do doutorado na Espanha, outras "janelas" para mim se abriram, a exemplo do Encontro Nacional de Ensino de Ciências (Enec), do qual tive a oportunidade de participar por duas vezes. A primeira delas, no XII Enec, realizado na Universidade de Trás-os-Montes e Alto Douro, na cidade de Vila Real, Portugal, em setembro de 2007, quando apresentei um relato de experiência, "Brincando com a Física: um estudo a partir dos princípios físicos existentes em brinquedos e objetos de decoração" (ANJOS, 2007), fruto do projeto desenvolvido com estudantes do ensino fundamental do Colégio Gênesis em Feira de Santana, Bahia.

Dois anos depois, em setembro de 2009, no Instituto Politécnico, na cidade de Castelo Branco, Portugal, voltei a participar, dessa feita com a minha esposa Kenya, do XIII Enec quando na oportunidade tanto eu como ela apresentamos trabalhos. Eu fiz duas apresentações, uma foi o relato de uma experiência desenvolvida com estudantes de 3º ano do ensino médio do Colégio Gênesis: "Nas Ondas da Comunicação: um estudo sobre a evolução sócio-histórica e tecno-científica dos aparatos usados nas telecomunicações" (ANJOS, 2009), o outro trabalho apresentado relacionava-se com parte das investigações desenvolvidas no doutorado: "A aprendizagem em Física sob o ponto de vista do significado atribuído pelos estudantes às equações matemáticas" (ANJOS, CABALLERO e MOREIRA, 2009).

Obviamente que além de apresentar os trabalhos, participei de toda programação do Enec, com participação em palestras, mesas redondas, cursos e oficinas. Essas idas a Portugal também me oportunizaram conhecer cidades, a exemplo de Vila Real e Castelo Branco, sedes dos encontros, como também me permitiram fazer um pouco de turismo e conhecer outras cidades como Porto e Vila das Aves, onde conheci a famosa Escola da Ponte.

Foram experiências bastante enriquecedoras para o meu crescimento pessoal e intelectual, além de me permitir conhecer um pouco a cultura dessa região, também me oportunizou perceber mais de perto, as problemáticas, discussões e propostas sobre o Ensino de Ciências na Europa, particularmente em Portugal.

ATALHO 4: O ENCONTRO IBERO-AMERICANO SOBRE INVESTIGAÇÃO EM ENSINO DE CIÊNCIAS (EIBIEC)

O Encontro Ibero-americano sobre Investigação em Ensino de Ciências (Eibiec) tem como finalidade viabilizar a apresentação e discussão de trabalhos e linhas de investigação entendidos como produção de conhecimentos em Ensino de Ciências.

Trata-se de um evento promovido pelo Programa Internacional de Doutorado em Ensino de Ciências (Pidec) da Universidade de Burgos (UBU), Espanha, conjuntamente à revista *Investigações em Ensino de Ciências* (Ienci) da Universidade Federal do Rio Grande do Sul (UFRGS), Porto Alegre, Brasil.

Sua primeira edição ocorreu em 2002, na UBU, Burgos, Espanha, seguidos de 2004 e 2009, também na UBU e 212 na Universidade Federal do Rio Grande do Sul (UFRGS), Porto Alegre, Brasil, conjuntamente à X Semana de Pesquisa do Pidec. A quinta edição do Eibiec realizou-se em 2015, mais uma vez, na cidade Burgos, de forma conjunta com o VII Encontro Internacional sobre Aprendizagem Significativa.

Desses encontros, tive a oportunidade de participar dos dois últimos, com apresentações de trabalhos. Em 2009 apresentamos uma comunicação em painel do trabalho intitulado "A aprendizagem em Física sob o ponto de vista do significado atribuído pelos estudantes às equações matemáticas".

No IV Eibiec em 2012, fiz uma apresentação em Comunicação Oral do trabalho "As Equações Matemáticas e o Ensino de Física: verificando a eficácia de implementação de uma unidade didática de ensino". Na edição de julho de 2012, participei com a apresentação em comunicação do trabalho "As Equações Matemáticas nos processos de Ensino e Aprendizagem em Física: o caso do momento linear e sua conservação", além de coordenar uma sessão de comunicação oral (ANJOS, CABALLERO e MOREIRA, 2012).

Por ser um evento voltado para as questões relacionadas com a Pesquisa em Ensino de Ciências, o Eibiec me proporcionou uma maior aproximação e aprofundamento sobre a pesquisa na área, oportunizando espaços de trocas e discussões sobre as diversas temáticas apresentadas, além da atualização dos conhecimentos construídos e ampliação de novos saberes, sem esquecer a importância de conhecer novos profissionais, construir novas amizades e estreitar os laços já existentes.

ATALHO 5: OS NACIONAIS DE ENSINO DE FÍSICA: O SNEF E O EPEF

Dois dos maiores e mais importantes eventos nacionais na área de Ensino de Física, o Simpósio Nacional de Ensino de Física (Snef) e o Encontro de Pesquisa em Ensino de Física (Epef), ambos promovidos pela Sociedade Brasileira de Física, têm se constituído como espaços privilegiados de troca de experiências, sobre o ensino e a pesquisa em ensino de Física.

O Snef, mais antigo dos eventos na área de ensino de Física, teve sua primeira edição em 1970 na cidade de São Paulo. Ao longo da sua existência, os Simpósios Nacionais de Ensino de Física têm se constituído como um grande lugar trocas, socialização e disseminação de experiências, análises e discussões sobre o ensino de Física para diferentes públicos e em diferentes espaços formativos.

A minha primeira participação nesse simpósio ocorreu em 1976, quando da sua realização no Instituto de Física da Universidade de São Paulo (USP), na cidade de mesmo nome. Daí em diante estive participando em algumas outras edições, sendo que no período após o doutorado participei dos encontros de 2015, 2017 e 2019, oportunidades que, por meio de minicursos pude socializar um pouco do muito que aprendi no Programa de Doutorado em Ensino de Ciências (Pidec) da Universidade de Burgos.

Em 2015, participei de toda programação do XXI Snef, realizado na Universidade Federal de Uberlândia, em Minas Gerais, além de ministrar o minicurso "Unidade Didática de Ensino (UDE) para ensino de Física com base na Teoria da Aprendizagem Significativa (TAS)". No XXII Snef em 2017, realizado na Universidade de São Paulo (USP) em São Carlos-SP, estive presente por todo evento e ministrei o minicurso "O Ensino de Física no contexto da Teoria da Aprendizagem Significativa: subsídios para a elaboração de estratégias metodológicas". A minha mais recente participação foi na edição de 2019, no XXIII Snef na Universidade Federal da Bahia (UFBA) em Salvador-BA, no qual participei de alguns dias, além de ministrar o minicurso "ENSINO DE FÍSICA: subsídios para a elaboração de proposta metodológica no contexto da Teoria da Aprendizagem Significativa".

Como se observa, essas três edições do SNEF oportunizaram-me compartilhar um pouco dos saberes construídos nos tempos de doutorado, sobretudo no que tange o referencial da Teoria da Aprendizagem Significativa, por meio dos minicursos por mim ministrados, nos quais o público-alvo era constituído de professores da educação básica, estudantes de Física e áreas correlatas, estudantes de pós-graduação, entre outros.

O Epef, por sua vez, teve a sua criação em 1986 na cidade de Curitiba--PR, durante a 38ª Reunião Anual da Sociedade Brasileira para o Progresso da Ciência (SBPC) e tem se constituído em importante espaço para a discussão entre pesquisadores de diferentes regiões, promovendo reflexões e ações, fomentando, assim, a formação de pesquisadores na área de ensino de Física.

A minha primeira participação nesse evento ocorreu no V Epef realizado na cidade de Águas de Lindoia-SP, em 1996, oportunidade em que apresentei o meu trabalho decorrente da dissertação de mestrado, intitulado "CONCEPÇÕES INTUITIVAS DOS ALUNOS: um estudo a partir da relação força e movimento". Além dessa, aconteceram outras participações, sendo que duas delas ao longo do meu processo de doutoramento.

Em 2010, em Águas de Lindóia-SP, participei do XII Epef, com a apresentação do trabalho "AS EQUAÇÕES MATEMÁTICAS NO ENSINO DE FÍSICA: uma análise da exposição didática dos conteúdos nos livros textos de Física". Ano seguinte, em caráter especial, durante o ENCONTRO DE FÍSICA 2011, em Foz de Iguaçu-PR, realizou-se o XIII Epef, no qual apresentei o painel "AS EQUAÇÕES MATEMÁTICAS NO ENSINO DE FÍSICA: o que pensam os professores", além de participar da programação referente a área de ensino de Física do evento. Os trabalhos apresentados nas mencionadas participações foram frutos dos estudos desenvolvidos ao longo do doutorado naquela época.

ATALHO 6: UM POUCO DE TURISMO: VIAGENS E PASSEIOS PELO TERRITÓRIO IBÉRICO

Além de estudos e participações em eventos científicos, o meu ingresso no Pidec também me proporcionou oportunidades de conhecer alguns outros recantos e lugares para além do meu "Quartel General", a cidade de Burgos. Sozinho, com a família ou acompanhado de amigos e colegas de curso, tive momentos de prazerosos, de rara felicidade e de grandes descobertas, nos diversos passeios e viagens que fiz pelo velho mundo, mais precisamente em terras espanholas e portuguesas.

Na Espanha, além de conhecer alguns recantos na região de "Castilla e Léon", a exemplo de Santo Domingos de Silos, Lerma, Aranda del Duero, essa última situada na região de vinhos, onde as bodegas são subterrâneas, embora não as tenha visto pois estavam fechadas para visitação devido a festa na cidade. Também visitei Salamanca (a famosa cidade universitária da região), Madrid, a capital do país, Átila com sua antiga muralha e a linda Toledo, além de algumas cidades do "País Vasco", como Bilbao, Santander e San Sebastián, e a famosa turística cidade de Barcelona na região da "Cataluña".

Também tive a oportunidade de conhecer algumas cidades situadas ao norte do país, na região da Galícia, tais como Santiago de Compostela, Sansenxo, Pontevedra, Combarro, Vigo e outras de passagem durante uma excursão "Galícia Rías Bajas".

Em território português tive o prazer de conhecer a capital Lisboa, Coimbra, Rodrigo, Estoril, Cascais, Castelo Branco, Vila Real, Porto, Vila das Aves (onde conheci a Escola da Ponte), Batalha, Braga, Fátima.

As visitas a essas cidades ocorreram por conta de participação em eventos científicos ou simplesmente por meio de passeios turísticos e excursões, mais precisamente no eixo Portugal – Espanha, nos momentos de folga dos estudos no Programa. Dentre as viagens realizadas, algumas merecem destaque pelas suas peculiares razões, seja pela companhia das pessoas, pelos ambientes visitados ou simplesmente por algum fato isolado, porém marcante e que de alguma forma merece as minhas considerações.

FÁTIMA E BARCELONA: UM BELO PASSEIO EM FAMÍLIA POR TERRAS IBÉRICAS

Os primeiros desses inesquecíveis passeios foram a excursão para Fátima, em Portugal, seguido do passeio à Barcelona, na Espanha. Era o segundo semestre de estudos no doutorado em Burgos, quando havíamos combinado, eu, minha esposa, Kenya e o nosso filho mais velho, Weber, que ao término das sessões de estudos no doutorado, nos encontraríamos em Burgos para fazermos um "tour" pela Espanha e Portugal. Nesse período, a Jamyle, nossa filha caçula, estava fazendo um intercâmbio de estudos no Canadá.

Conforme o combinado, o Weber iria alguns dias antes, pois já havia acertado que faria uma visita à alguns colegas em Vigo, a Kenya iria depois e nos encontraríamos todos em Burgos. Tomando conhecimento dessa viagem, Jamyle (no Canadá) não se conformara em ficar de fora e lá começou a tentar antecipar o seu retorno para o Brasil e, com a mamãe, Kenya, completar o quarteto familiar na Europa. Tanto fez que conseguiu o que queria e, assim, viajamos todos nós, juntos.

Sabendo da real possibilidade de estarmos nós quatro juntos, comecei a sondar algumas possíveis excursões que poderiam ser interessantes em trajeto e preço. E assim o fiz, buscando sugestões junto a pessoas da cidade, fazendo contatos em agências de viagens, além de ler (como de costume fazia) os panfletos de propaganda (muito comum em Burgos) afixados em paredes, muros e postes da cidade. Certa feita andando pelas ruas da cidade vi um panfleto que anunciava uma excursão à Fátima em Portugal, com passagem por outras cidades não menos importante desse país. Verifiquei o roteiro, data, período, preço e percebi que seria interessante embarcarmos nessa.

Tratava-se de uma excursão rodoviária para a cidade de Fátima, com passagens por Lisboa e Coimbra na ida, para posterior chegada ao destino. Ficamos na cidade de Fátima, hospedados num hotel 4 estrelas, com boas acomodações e excelente comida. Além de conhecer a cidade, a cada dia saíamos para conhecer outras cidades vizinhas, a exemplo de Batalha, Estoril e Cascais.

Não por ser o primeiro dos passeios quando das minhas estadas em Burgos, a excursão a Fátima teve inúmeros motivos para ser considerada marcante e de grande importância, não só para mim como para toda a nossa família.

Embora tenhamos conhecido outras cidades, Fátima foi, seguramente, o ponto alto e forte da viagem. Conhecer o Santuário de Fátima e os caminhos percorridos por Nossa Senhora, Maria, a mãe de Jesus, foi, verdadeiramente, foi uma experiência indescritível, momentos de rara emoção e fé vividos em família.

Fotografia 19 – Jamyle, Weber, Antonio Jorge e Kenya

Fonte: o autor

Fotografia 20 – Jamyle, Weber, Antonio Jorge e Kenya

Fonte: o autor

Fotografia 21 – Jamyle, Weber, Antonio Jorge e Kenya

Fonte: o autor

Fotografia 22 – Antonio Jorge, Kenya, Jamyle e Weber

Fonte: o autor

Fotografia 23 – Kenya, Antonio Jorge, Jamyle e Weber

Fonte: o autor

Após essa delícia de passeio, retornamos à Burgos, desfrutamos mais um pouco da cidade e, conforme planejado, providenciamos passagens e hospedagens, rumo à Barcelona e depois Madrid, de onde retornaríamos para o Brasil. Tudo providenciado, viajamos na noite de sexta-feira (28/07/06) de ônibus para Barcelona, chegando lá na manhã do dia seguinte.

Em Barcelona, fomos privilegiados com serviços de um "guia", o Weber, que já havia conhecido aquela cidade. Sendo assim, em cada dia que lá passamos ganhamos tempo indo direto aos principais pontos turísticos daquela bela cidade, tais como as "Ramblas", o "Camp Nou" (Estádio do Barcelona), Igreja Sagrada Família, entre tantos outros pontos turísticos. Enfim, ao nosso modo e dentro das nossas condições e possibilidades, de ônibus, metrô, andando pelas *"calles"* e avenidas, "puxando rex" (carregando malas), nós quatro curtimos bastante essa linda cidade. Foi uma experiência maravilhosa, uma vivência muito gostosa, um passeio em família inesquecível.

De Barcelona fomos à capital Madrid, e lá, mais uma vez, contamos os serviços do nosso "guia" e companheiro de viagem, Weber, que também já conhecia um pouco da cidade. Também portadora de muitos pontos turísticos, Madrid se mostrara, à primeira vista, para nós brasileiros, como uma cidade mais sisuda e menos alegre comparada a Barcelona. Entretanto, conhecemos muitos recantos turísticos, como a "Plaza Mayor", "Puerta del Sol", "Gran Vía", o Estádio "Santiago Bernabéu" (do Real Madrid), entre outros, além de assistirmos a um maravilhoso espetáculo de dança flamenca. Em Madrid portanto, concluímos o nosso "tour" em família na Europa, especialmente no eixo Espanha-Portugal.

De Madrid, saudosamente voltamos ao Brasil, mais precisamente para Feira de Santana, Bahia, retornando ao trabalho e retomando o convívio com os demais familiares, dos quais nos separamos por esses dias que lá estivemos. Voltamos maravilhados com tudo que fizemos, com os caminhos que percorremos, com os lugares que vimos e conhecemos, sobretudo, com os laços de amizade que entre nós fortalecemos. Um belo passeio, *"un buen viaje"*!

RÍAS BAJAS: UMA EXCURSÃO "SOLO" PELA REGIÃO COSTEIRA DA GALÍCIA

Tratava-se de um grande feriado na Espanha, 19/03, quando a igreja católica celebra São José, particularmente nesse ano de 2010, essa data caiu em um dia de sexta-feira, fato que favorecia a possibilidade de um feriadão e a consequente oferta de muitas excursões para diversos recantos da Espanha, a exemplo da cidade de "Valencia" onde nessa época se realiza uma grande e tradicional festa, as *"Fallas de Valencia"*.

Aliás, esse evento foi uma das possibilidades pensadas inicialmente por mim para viajar nesse final de semana, uma vez que estava em Burgos, mas a professora Concesa, cuidadosa e cautelosa, me desaconselhou dessa opção pelo fato de ser uma festa muito concorrida, a cidade estaria muito cheia de turistas e isso poderia me proporcionar algum tipo de transtorno.

Dentre as outras ofertas e possibilidades de turismo anunciadas para esse final de semana prolongado, optei por uma excursão para as terras galegas, região costeira da "Galícia" chamada "Rías Bajas", mais precisamente na costa oeste da província de La Coruña. Assim sendo, adquiri junto a uma agência de turismo em Burgos os bilhetes para o referido passeio turístico.

Assim sendo, na quinta-feira (18/03) à noite, embarquei em ônibus, dando início à excursão para a citada região, conhecendo, assim, um pouco mais desse país chamado Espanha. Nessa viagem tive a oportunidade de conhecer recantos e cidades dessa região como Santiago de Compostela, Isla de Toja, El Grove, Puentevedra, Sansenxo, Combarro, entre outros.

Com elevado tempo de viagem (10h), essa não foi uma experiência muito boa, além disso, particularmente na ida fiquei numa posição um pouco incômoda, na última poltrona do ônibus (embora na volta pudesse mudar mais para frente), além de muita chuva. Viajamos por toda a noite, chegando ao destino inicial, Sansenxo, na manhã do dia seguinte.

Em Sansenxo, ficamos hospedados no Hotel Campomar, numa praia pouco povoada, distante do centro da cidade e a partir desse hotel fazíamos as visitas previstas. Dentre as cidades visitadas, Santiago de Compostela, pela sua importância e representatividade (devido ao Caminho de Santiago) foi a que mais me chamou a atenção, embora sua visita tenha sido muito conturbada pelo excesso de chuvas.

Somente no retorno, após visitar as cidades, é que o sol apareceu e, assim, agora sentado numa posição privilegiada, nas primeiras poltronas (3 e

4), pude contemplar toda a paisagem que se descortinava a minha frente, ao longo de todo trajeto diurno, bem como as cidades por onde passávamos, a exemplo de Vigo, La Coruña e outras, já na região de Castilla y Leon, como Leon, Palência e Valladolid. O trajeto de volta durou 11h.

No geral, a viagem valeu, não só pelo fato de conhecer outros sítios (lugares), mas também por conhecer novas pessoas, a exemplo do casal (Paco e Felícia) companheiros das refeições no hotel onde nos hospedamos, além de um senhor muito estranho e enigmático que completava o quarteto durante as refeições. Digo estranho porque ele foi conosco na excursão, visitou apenas Santiago, no sábado, e logo se foi, além do que ele falava muito e entendia de tudo, literalmente roubava a cena nos momentos das refeições, quase que *"nosotros"* não tínhamos oportunidade de falar. Enfim, foram dias diferentes, saí da rotina *"burgalesa"* (faculdade-residência-faculdade) para conhecer mais um pedacinho desse país que apendi a admirar.

ATALHO 7: PROFESSORES, COLEGAS, AMIZADES

Muitos caminhos percorridos, muitos relacionamentos construídos. Pessoas passaram, marcas ficaram. Direta ou indiretamente, elas não só contribuíram com minha formação como também passaram a fazer parte da minha vida ao longo desses anos de Pidec. Foram professores, colegas de curso, pessoas comuns do convívio laboral, todas elas, umas mais próximas, outras mais distantes, todas elas, de alguma forma, entraram para minha vida, pelo seu carisma, pelos seus ensinamentos, pelos seus valores, pela sua solidariedade ou, simplesmente, pela sua amizade.

Com relação aos professores do curso, alguns, por alguma razão, deixaram suas marcas que solidificaram o nosso relacionamento, outros ficaram apenas na relação docente de sala de aula. Assim sendo, podemos aqui citar alguns daqueles que com seu jeito docente de ser, foram além de apenas mestres do ensinar, foram pessoas que se mostraram como profissionais comprometidos verdadeiramente com a formação dos seus discípulos.

Começaríamos pelo primeiro professor, ou melhor, professora, que eu conheci assim que começou o curso, refiro-me a também coordenadora do curso, Prof.ª Dr.ª Concesa Caballero da UBU, que mais tarde viria a ser minha diretora (orientadora) de estudos. Hoje, depois de ter convivido todos esses anos com ela, posso afirmar e confirmar tudo aquilo que dela se falava muito antes de conhecê-la. Uma pessoa que com o seu peculiar jeito ser conquista a todos tantos quantos dela se aproxima. Carismática, cuidadosa, prestativa, competente professora e verdadeira anfitriã, sobretudo para aqueles (como eu) vindos de outras plagas, de outros países. Uma grande mestra, uma verdadeira AMIGA.

Outro docente que eu já o conhecia de eventos aqui no Brasil e do qual tive a oportunidade de me aproximar mais e desfrutar do seu convívio, foi o Prof. Dr. Marco Antonio Moreira da UFRGS, competentíssimo profissional, excelente figura humana, uma pessoa determinada, coerente, sincero e amigo. Além de professor, era também um dos coordenadores do Pidec e, mais tarde, com muita honra, viria a ser o meu codiretor (coorientador) de estudos. Com ele aprendi muito, dele me aproximei e muito pude nutrir da sua sapiência e dos seus ensinamentos. Desse relacionamento nasceu uma grande e preciosa amizade.

Portadora de uma seriedade ímpar, competente profissional, de posições firmes e definidas, a Prof.ª Dr.ª Eliane Veit da UFRGS foi, especialmente, para mim outra grande referência no programa, que conheci como professora da disciplina "Novas Tecnologias em Educação". Ela não só demostrou ser portadora de vasto conhecimento na área de atuação, como também, reconhecendo a minha particular fragilidade na temática em estudo, tratou de me acolher, entender as minhas deficiências e contribuir para superá-las. Com a sua postura humana e profissional, conquistou o meu apreço, o meu respeito e a minha admiração.

Outro docente que tive a oportunidade de conhecer, foi o Prof. Dr. Jesús Meneses da UBU. Com seu jeito característico de ser e de conviver, tive com ele a oportunidade e o prazer de um convívio para além de competente professor de "Métodos Quantitativos de Pesquisa". Nos nossos encontros em Burgos, nas Semanas de Pesquisa em Porto Alegre e na sua estada (juntamente à Concesa) aqui na Bahia, oportunidade em que estivemos juntos conhecendo a cidade de Salvador, o professor Jesús sempre se mostrou uma pessoa simples, amiga, prestativa e companheira.

Também muito competente na condução dos trabalhos à frente da disciplina "Resolução de Problemas", a Prof.ª Dr.ª Sayonara Cabral da PUC-RS foi destaque pelo seu jeito carismático, cuidadoso e atencioso de ser no trato com os seus alunos. Particularmente comigo, a professora Sayonara prestou a sua colaboração, contribuindo com as suas críticas, comentários e sugestões, além de indicação de obras relacionadas, direta ou indiretamente, com o meu trabalho de pesquisa.

Além desses supracitados professores do curso, não poderia deixar de mencionar alguns outros, não menos importantes, que tiveram importante participação nos meus estudos, na minha pesquisa e, porque não dizer, na minha trajetória acadêmica. Sendo assim, deixo aqui, portanto, o meu registro de agradecimento a outros docentes e pesquisadores, tais como, Ives Solano (UFRGS), Ileana Greca (UBU), Olival Freire (UFBA), Maurício Pietrocola (USP), Fernanda Osterman (UFRGS), Rita Otero e Marta Pesa, ambas da Argentina, entre outros, que de alguma forma quando por mim procurados, sempre foram solícitos às minhas demandas.

Fotografia 24 – Cláudia, Adriana e Antonio Jorge

Fonte: o autor

Fotografia 25 – Antonio Jorge, Sonia, Lucia, Saida, Berenice, Adriana, Cláudia, Roberto e Aparecida

Fonte: o autor

Fotografia 26 – Aparecida, Prof. Jesús, Tânia, Antonio Jorge, Cláudia e Lucia

Fonte: o autor

Fotografia 27 – Adriana, Alberto, Claudia, Antonio Jorge, Roberto, Aparecida, Lucia e Sonia

Fonte: o autor

Além de professores, o Pidec também me oportunizou conhecer e conviver com diversas pessoas e de distintas nações. Por ser um programa de pós-graduação voltado preferencialmente para países da América Latina, o meu relacionamento e minha convivência ocorreram muito fortemente com colegas brasileiros, mas, também, pessoas do Chile, Argentina, Colômbia e Venezuela, além da própria Espanha e Portugal. Foram muitas pessoas com as quais interagi, entretanto, com algumas delas os laços de convivência tornaram-se mais fortes, mais estreitos. Verdadeiros laços de amizade.

Para citar algumas dessas novas amizades, começaria pelas colegas da minha própria turma de 2006, as brasileiras Adriana Toigo e Cláudia Petter (Rio Grande do Sul), Tânia Roberta (Pará) e Aparecida Rufino (Pernambuco), com as quais realizei diversos trabalhos ao longo das disciplinas cursadas, além de juntos fazermos alguns passeios, visitas, compras, participação em missas e outros tantos encontros (e desencontros) que com certeza contribuíam para a construção dos laços de amizade. O fato de conhecer Aparecida (Cida) me oportunizou também conhecer o seu esposo, José Roberto (estudante mais antigo no curso), com o qual fiz uma nova amizade, além de firmar uma grande parceria quando das nossas estadas em Burgos.

Outros brasileiros com os quais também tive uma boa aproximação foram: Evelyse (RJ), Iramaia (MT), Berenice (RS), Madalena (RS), Alberto (RS), o "maravilha", Sandro (PR), Conceição (PE), Felipa (SP).

Além dos brasileiros, destaco, também, as amizades estabelecidas com colegas de outras nacionalidades, tais como Saida e Luzia (Venezuela), Sonia e Fernando (Colômbia), Alfonso (Chile), Rodrigo (Espanha).

UM REGISTRO ESPECIAL

A FAMÍLIA

Em meio a todas essas andanças e caminhos percorridos, não poderia deixar de destacar a minha base, a minha sustentação, uma verdadeira e sólida relação de cumplicidade, a minha família. Estando longe ou presencialmente, sempre pude contar com o incondicional apoio e compreensão de todos aqueles que compõem a minha família. Seja nas viagens para Europa ou mesmo nas participações em eventos aqui no Brasil, sempre contei com o apoio, o carinho e assistência da minha esposa, dos filhos e seus parceiros e da minha cunhada Elydia.

Fotografia 28 – Minha família

Fonte: o autor

Em geral, de alguma forma, todos tiveram a sua contribuição nessa minha caminhada. Seja me orientando nos aspectos técnicos relacionados a computação, seja me auxiliando na digitação dos escritos ou mesmo orando e pedindo a Deus a Sua interseção nos meus estudos e a minha proteção nos momentos de ausência e solidão. Posso afirmar que sempre pude perceber a presença da família em minha vida, sobretudo nesse período de tão grande e necessária introspecção.

Em especial, gostaria aqui de destacar a importante e imprescindível participação da minha esposa nessa minha especial trajetória de doutoramento. Na condição de mulher, mãe, amante, diretora, colega de trabalho... Kenya foi para mim um verdadeiro esteio. Alguém especial que, com amor e compreensão, me dava a segurança e o suporte necessários para cuidar dos meus estudos e caminhar rumo ao tão desejado e almejado momento de conclusão do curso. Companheira que, muitas vezes, mesmo sem desejar, entendia e aceitava as suas noites de sono sem a minha companhia.

Destaco também nessa trajetória a participação e a solidariedade dos meus filhos Weber, Jamyle e seus parceiros que sempre estiveram juntos comigo nessa caminhada, apoiando, orando, encorajando, torcendo, enfim sempre solidários e dispostos a cooperar naquilo que fosse preciso, inclusive no apoio e assistência à mamãe Kenya.

Não poderia deixar de falar na minha cunhada Elydia, Lídia ou ainda Didi, companhia de longas datas, sempre solícita, disponível e também orando e torcendo pelo meu sucesso.

Enfim, posso afirmar que me considero uma pessoa feliz e realizada em poder contar sempre com o irrestrito apoio da minha família em todos os aspectos, do técnico ao moral, do emocional ao espiritual, fato que me proporcionou equilíbrio, confiança e tranquilidade para dar prosseguimento nessa árdua e difícil tarefa que optei por realizar em minha vida. O apoio e a solidariedade da minha família foram fundamentais e decisivos nessa minha trajetória da vida. OBRIGADO, FAMÍLIA!

À GUISA DE CONCLUSÃO

Retomando a epígrafe desta obra, "Ninguém caminha sem aprender a caminhar, sem aprender a fazer o caminho caminhando, refazendo e retocando o sonho pelo qual se pôs a caminhar", ouso fazer minhas, as palavras do mestre Paulo Freire. Elas retratam e representam muito do que vivenciei nessa jornada e que aqui foi relatado nestes escritos.

Contam alguns dos meus familiares que, certa feita, por volta de dez anos de idade, eu havia falado que um dia iria estudar em algum lugar fora do Brasil. Isso na verdade passou a ser para mim um sonho, um desejo a se realizar e, esse sonho me instigou a decidir caminhar por um caminho nunca antes caminhado. Aprendi a caminhar caminhando, fazendo e refazendo o antigo sonho sonhado e hoje realizado.

Esses escritos representam para mim a oportunidade e o desejo de partilhar com você, amigo leitor, tudo aquilo que vivi e experienciei ao longo dessa jornada. Contar para outras pessoas as coisas que fiz, os caminhos por onde passei, os conhecimentos que adquiri, os lugares por onde passei, as pessoas que conheci, as amizades que fiz, enfim as experiências que vivi, não só representa para mim uma enorme satisfação em compartilhar vivências, habilidades e sentimentos, como também a esperança de poder estar contribuindo, de alguma forma, com o desejo de muitos daqueles que desejam e pretendem trilhar por caminhos semelhantes aos meus.

Concluo a tessitura deste texto, agradecendo a todos que, direta ou indiretamente, contribuíram com o meu caminhar nesse importante e valoroso percurso da minha vida e sobretudo ao bom Deus por ter me dado força e coragem para não desistir, além de me mostrar sinais que certamente aumentaram a minha fé, alimentaram a minha esperança e me tornaram um ser mais forte, mais humano e realizado.

POSFÁCIO

Recebi, inesperadamente, o gentil convite do amigo Antonio Jorge para escrever este posfácio.

Confesso que me senti lisonjeada pela confiança, e também pelo fato de que, de certa forma, acompanhei os caminhos e atalhos que constituem esta obra quando eles ainda estavam no seu nascedouro.

Entre idas e voltas à Espanha onde cursava o doutorado em Ensino de Ciências da Universidade de Burgos, Antonio Jorge sempre comentava que havia umas ideias que teimavam em ir para o papel. E foram. Era um rabisco aqui, outro ali, registrados em uma viagem de avião, na solidão de um quarto de um mosteiro, depois de uma visita a lugar memorável da Europa secular, ou entre as angústias, aprendizagens, encontros, dúvidas e experiências múltiplas que um doutorado traz, que foram, pouco a pouco, tomando forma de texto... No contexto de tudo isso, um "menino" cinquentão que um dia sonhara estudar fora do seu país, um professor que passa a se ver como cidadão do mundo e um estudante de um programa de doutorado em um país distante do seu.

Nesses rabiscos registrados aqui e ali durante o tempo do doutorado e também depois, uma intenção: transformá-los em um livro. E assim temos "Caminhos de um doutorado: relatos de uma experiência vivida".

Trata-se, eu diria, de um belo, envolvente e instigador relato de memórias, este gênero em que o narrador conta fatos de sua vida. Neste caso, o autor registra a sua história como estudante de um curso de doutorado e vai, de forma sutil, revisitando momentos de sua vida a partir de lembranças do seu passado e, nesse exercício de reflexão, vai revelando as contribuições dessa experiência de estudo na sua trajetória de vida intelectual, profissional e pessoal; na sua trajetória de "eterno aprendiz".

O livro é organizado em duas partes distintas que se inter-relacionam.

A primeira parte traz relatos intitulados "Caminhos" e apresenta a experiência do doutorado sem, no entanto, trazer registros acadêmicos peculiares a tal curso. São relatos que evidenciam a clara intenção de um olhar reflexivo sobre a importância e os impactos de um curso dessa natureza na vida do homem, do cidadão, do profissional Antonio Jorge.

A segunda apresenta os "Atalhos", relatos sobre as andanças do autor/estudante pelo velho continente, espaço de vivências e oportunidades que sobremaneira contribuíram nos estudos, reflexões, aprendizados do estudante, do homem, do cidadão.

Os "Caminhos" e os "Atalhos" trilhados por Antonio Jorge, homem de fé, crente a Deus e ao valor e importância da família, reafirmam o ponto de vista de que o caminho se faz ao caminhar, como destaca o educador Paulo Freire, e conhecê-los pode ser uma interessante contribuição para aqueles que pretendem aprimorar-se academicamente, mas que também buscam o aprimoramento como pessoa, como cidadão.

Ana Rita de Almeida Neves
Consultora Pedagógica do Colégio Gênesis
Professora aposentada da Universidade Estadual de Feira de Santana

REFERÊNCIAS

ANJOS, A. J. S. Brincando com a Física: um estudo a partir dos princípios físicos existentes em brinquedos e objetos de decoração. *In:* **Atas do XII Encontro Nacional de Educação em Ciências**, Universidade de Trás-os-Montes (Utad), Vila Real, Portugal, 2007.

ANJOS, A. J. S. Nas Ondas da Comunicação: um estudo sobre a evolução sócio--histórica e tecno-científica dos aparatos usados nas telecomunicações. *In:* **Atas do XIII Encontro Nacional de Educação em Ciências**, Instituto Politécnico de Castelo Branco, Portugal, 2009.

ANJOS, A. J. S.; CABALLERO, M. C.; MOREIRA, M. A. A aprendizagem em Física sob o ponto de vista do significado atribuído pelos estudantes às equações matemáticas. *In:* **Atas do XII Encontro Nacional de Educação em Ciências**, Instituto Politécnico de Castelo Branco, Portugal, 2009.

ANJOS, A. J. S.; CABALLERO, M. C.; MOREIRA, M. A. A aprendizagem em Física sob o ponto de vista do significado atribuído pelos estudantes às equações matemáticas. *In:* **Atas da V Semana de Pesquisa do Pidec**, Universidade Federal do Rio Grande do Sul, Porto Alegre, 2007.

ANJOS, A. J. S.; CABALLERO, M. C.; MOREIRA, M. A. A aprendizagem em Física sob o ponto de vista do significado atribuído pelos estudantes às equações matemáticas II. *In:* **Atas da VI Semana de Pesquisa do Pidec**, Universidade Federal do Rio Grande do Sul, Porto Alegre, 2008.

ANJOS, A. J. S.; CABALLERO, M. C.; MOREIRA, M. A. A aprendizagem em Física sob o ponto de vista do significado atribuído pelos estudantes às equações matemáticas. *In:* **Atas do III Encuentro Iberoamericano sobre Investigación en Enseñanza de las Ciencias (III Eibiec)**. Universidad de Burgos, Burgos, España, 2009.

ANJOS, A. J. S.; CABALLERO, M. C.; MOREIRA, M. A. O papel das equações matemáticas, aprendidas de maneira significativa, nos processos de ensino e aprendizagem em Física: o caso da quantidade de movimento e sua conservação. *In:* **Atas da VIII Semana de Pesquisa do Pidec**, Universidade Federal do Rio Grande do Sul, Porto Alegre, 2010.

ANJOS, A. J. S.; CABALLERO, M. C.; MOREIRA, M. A. As equações matemáticas no Ensino de Física: o que pensam os professores. *In:* **Atas do XIII Encontro de Pesquisa em Ensino de Física.** Foz do Iguaçu, PR, 2011.

ANJOS, A. J. S.; CABALLERO, M. C.; MOREIRA, M. A. O papel das equações matemáticas, aprendidas de maneira significativa, nos processos de ensino e aprendizagem em Física: o caso da quantidade de movimento e sua conservação. *In:* **Atas da IX Semana de Pesquisa do Pidec,** Universidade Federal do Rio Grande do Sul, Porto Alegre, 2011.

ANJOS, A. J. S.; CABALLERO, M. C.; MOREIRA, M. A. As equações matemáticas no ensino e aprendizagem da Física: o ponto de vista de professores e estudantes. *In:* Álvaro S. Alves; José Carlos O. de Jesús e Gustavo R. Rocha (org.). **Ensino de Física**: reflexões, abordagens e práticas. São Paulo: Editora Livraria da Física, pp. 59-77, 2012.

ANJOS, A. J. S.; CABALLERO, M. C.; MOREIRA, M. A. As equações matemáticas nos processos de ensino e aprendizagem em Física: o caso do momento linear e sua conservação I. *In:* **Atas da X Semana de Pesquisa do Pidec,** Universidade Federal do Rio Grande do Sul, Porto Alegre, 2012.

ANJOS, A. J. S.; CABALLERO, M. C.; MOREIRA, M. A. As equações matemáticas nos processos de ensino e aprendizagem em Física: o caso do momento linear e sua conservação II. *In:* **Atas da XI Semana de Pesquisa do Pidec,** Universidade Federal do Rio Grande do Sul, Porto Alegre, 2013.

ANJOS, A. J. S.; ANJOS, K. C. P.; NEVES, A. R. A. Banquete de Leitura: a importância e a necessidade da leitura para a formação humana e cidadã. *In:* **Atas do 6º Encontro Nacional de Aprendizagem significativa,** São Paulo, 2006.

ANJOS, A. J. S.; ANJOS, K. C. P.; NEVES, A. R. A. MovimentAção Olímpica: uma prática pedagógica interdisciplinar e inovadora. *In:* **Atas do VII Encuentro Internacional sobre Aprendizaje Significativo e V Encuentro Iberoamericano sobre Investigación en Enseñanza de las Ciencias,** Burgos, Espanha, 2015.

AUSUBEL, D. P. **Adquisición y retención del conocimiento.** Una perspectiva cognitiva. Tradução de Genís Sánchez Barberán. Barcelona: Padiós, 2002.

GRECA, I. M. & MOREIRA, M. A. **Integrando Modelos Mentales y esquemas de asimilación.** ¿Un referencial posible para investigación en enseñanza de las ciencias? In M.A. Moreira y I. M. Greca. Sobre cambios conceptuales, asimilación y campos conceptuales. Porto Alegre: UFRGS, 2004.

MELO, F. **Eu sou de lá**. Disponível em: https://www.letras.com.br/fafa-de-belem/eu-sou-de-la. Acesso em: 1 maio 2020.

MOREIRA, M. A. **Aprendizagem significativa crítica**. Porto Alegre: Instituto de Física da UFRGS, 2005.

MOREIRA, M. A. **Aprendizagem significativa:** a teoria e textos complementares. São Paulo: Editora Livraria da Física, 2011.

MOREIRA, M. A. **A teoria da aprendizagem significativa e sua implementação em sala de aula**. Brasília: Editora da Universidade de Brasília, 2006.

MOREIRA, M. A. **Pesquisa em ensino:** aspectos metodológicos e referenciais teóricos à luz do Vê epistemológico de Gowin. São Paulo: Editora Pedagógica e Universitaria, 1990.

MOREIRA, M. A. **Teorias de aprendizagem**. São Paulo: Editora Pedagógica e Universitària, 1999. 188p.

PAULO, I. J. C. **Marco Antonio Moreira** – o professor, o investigador, o ser humano. Revista do Professor de Física. Brasília - DF, v. 2, n. 3, p. 76-80, 2018.